그날을 말하다

동거차도 주민 III

4·16구술증언록 동거차도 주민 제3권

그날을 말하다

동거차도 주민 III

4·16기억저장소 기획 편집
(사) 4·16세월호참사가족협의회 지원 협조

한울

일러두기

1. 음절로 식별 가능한 소리를 들리는 대로 전사하는 것을 원칙으로 한다.

2. 의미를 파악하기 위해 추가 설명이 필요할 경우 [ ]로 표시한다.

3. 몸짓, 어조 등 비언어적 행위는 ( )로 표시한다.

4. 구술자가 말을 잇지 못해 말줄임표를 사용하는 경우 ……, …로 길고 짧음을 표시한다.

5. 비공개 영역은 〈비공개〉로 표시한다.

6. 비공개해야 하는 희생자 형제자매의 이름은 ○○, △△ 등의 도형기호로, 생존자의 이름은 A, B, C 등 알파
   벳 대문자로 표시한다.

7. 비공개해야 하는 제3자는 직분이나 소속, 성만 공개하고, 이름은 ××로 표시한다. 비공개해야 하는 숫자는
   자릿수에 상관없이 □로 표시하며, 지명은 □□로 표시한다.

책머리에

    4·16기억저장소에서는 세월호 참사 5주기를 맞아 구술증언 수집 사업의 결과물 일부를 100권의 책으로 발간하게 되었습니다. 이 사업은 2015년 6월부터 다양한 학문 분야 구술 연구자들의 자발적인 참여로 진행되어 왔으며, 세월호 참사를 좀 더 정확하고 다각적으로 기록하고 기억하고자 하는 노력의 일환으로 수행되었습니다.

    2014년 참사 발생 이후, 참사 피해자들의 목격담과 경험은 안타깝게도 공식적인 국가기관과 언론의 기록 속에서 철저히 소외되거나 왜곡되었습니다. 그것은 세월호 참사가 우리에게 안긴 죽음과 고통의 충격만큼이나 우리 사회의 끔찍한 비극이었습니다. 따라서 사업을 진행하면서 세월호 참사 희생자 가족, 생존자, 생존자 가족, 어민, 잠수사, 활동가, 기자 등등, 참사의 초기 과정을 직접 경험한 분들의 증언을 우선적으로 수집했습니다. 구술자는 이 사업의 취

지와 방식에 개인적으로 동의한 분 중에서 선정했으며, 참여 과정에 어떠한 금전적 보상이나 이익이 제공되지 않았습니다. 또한 구술증언 수집 사업을 진행하는 동안, 면담자는 연구자이자 참사를 겪은 공동체 시민으로서 최대한 윤리적이고자 노력했습니다.

구술자마다 매회 약 2시간씩 3회를 원칙으로 음성 녹취와 영상 촬영을 하는 방식으로 진행되었고, 증언의 일관성을 확보하기 위해 면담자는 큰 틀에서 공통 질문지를 사용했습니다. 공통 질문지의 내용은 참사와 구술자 간의 관계성에 따라 차이가 있지만, 유가족 구술의 경우 1회차 '참사 이전의 삶, 팽목항과 진도에서의 경험, 자녀에 대한 기억'을, 2회차 '참사 이후 투쟁과 공동체 활동 경험'을, 3회차 '참사 이후 개인 및 가족이 경험한 삶의 변화와 깨달음, 자녀의 현재적 의미'를 중심으로 했습니다. 이처럼 증언 내용은 참사 이전에서 시작해 참사 발생 당시의 경험과 이후의 변화 과정까지 폭넓게 수집했고, 면담자는 구술 채록 과정에서 구술자의 발화를 최대한 존중하고자 했으며, 무엇보다 각자의 특수한 경험과 다른 시각을 충실히 반영하고자 했습니다.

이 구술증언록의 발간을 위해, 채록된 음성 자료는 문서로 변환해 구술자와 함께 검토했고, 현재 시점에서 공개할 수 있는 영역과 할 수 없는 영역으로 구별했습니다. 따라서 책에 실린 내용은 모두 구술자로부터 공개를 허락받은 부분입니다. 비공개 영역은 추후 구술자의 동의를 받아 적절한 절차를 거쳐 추가로 공개될 수 있으리라 생각합니다.

이 구술증언록 100권에는 그동안 우리 사회에 왜곡되어 알려지거나 잘 알려지지 않았던, 참사 발생 직후 팽목항과 진도 혹은 바다에서의 초기 상황에 관한 중요한 증언이 포함되어 있습니다. 또한, 자녀를 잃는 잔인하고 애통한 상황을 겪으면서도 그 누구보다 강인한 정치적 주체로 성장할 수밖에 없었던 유가족의 마음과 경험을 구체적으로, 그리고 여러 각도에서 살펴볼 수 있습니다. 그 외에도, 이 구술증언록은 2014년을 전후한 한국 사회의 여러 측면을 드러내는 귀중한 자료가 되리라고 생각합니다. 무엇보다 국내외의 많은 분이 이 책을 읽어, 장차 세월호 참사의 진상 규명과 역사 서술에 기여할 수 있기를 바랍니다.

구술증언 수집 사업이 진행되고, 책으로 출간되기까지 많은 분의 도움과 지지가 있었습니다. 이 지면을 빌려 부족하나마 감사의 말씀을 전하고자 합니다.

먼저 (사)4·16세월호참사가족협의회와 4·16기억저장소에 감사를 드립니다. 이분들의 신뢰와 적극적인 협조가 없었다면, 이 사업은 처음부터 시작할 수조차 없었을 것입니다. 또한 어려운 정치 환경 속에서도 사업의 취지에 공감해 재정 지원을 결정해 준 아름다운가게와 역사문제연구소에 감사드립니다. 두 단체 덕분에, 이 사업을 4년 동안 계속해 올 수 있었습니다. 그리고 구술증언록 100권의 발간에 동의하고, 바쁜 일정에도 출판 실무를 기꺼이 맡아주신 한울엠플러스(주)에도 감사를 드립니다. 이 외에도 많은 개인과 단체가 직간접적으로 많은 도움을 주시고 격려해 주셨습니다. 여기에 모두 밝히지 못하는 것을 죄송하게 생각합니다.

　말할 필요도 없이, 가장 크고 또 가슴 아픈 감사는 구술자 한 분한 분께 드리고자 합니다. 이 책이 발간될 수 있었던 것은, 무엇보다 용기를 내어 아픔과 고통의 기억을 다시 떠올리고 장시간 진심으로 이야기를 해주신 구술자가 있었기 때문입니다. 오랜 시간 이야기를 나누며 함께 공감하기도 했지만, 그 아픔과 고통을 어떻게 가늠할 수 있을까 싶습니다. 더 큰 도움이 되지 못함을 안타까워하며, 이 구술증언록 100권의 발간이 피해자분들에게 조금이라도 위로가 될 수 있기를 기원합니다.

2019년 4월

4·16기억저장소 구술팀 책임자
서울대학교 인류학과 교수 이현정

■ 동거차도 주민 최순심 2회차 ■

동거차도 주민 제3권

구술자 차남돌·차남표·최순심은 동거차도의 어민이다. 동거차도에서도 상대적으로 노령인 이들은 긴 세월 동안 동거차도에서 살아온 생애사와 세월호 참사에 대해 이야기한다. 구술자 차남표는 단원고 학생의 시신을 수습했고, 당시의 충격으로 트라우마에 시달리고 있다. 구술자 최순심은 30여 년 전 해난 사고로 남편과 시동생들을 잃은 후 홀로 아이들을 키웠다. 기다리던 남편을 끝내 찾지 못해 나뭇가지를 대신 묻은 그는 세월호 참사에서 그때의 기억을 떠올린다.

차남돌의 구술 면담은 2017년 3월 26일 총 30분 동안 진행되었으며, 면담자는 이봉규, 촬영자는 장원아였다. 차남표의 구술 면담은 2017년 3월 26일 총 1시간 25분 동안 진행되었으며, 면담자는 이봉규, 촬영자는 이민이었다. 최순심의 구술 면담은 2017년 3월 25일, 27일, 2회에 걸쳐 총 1시간 30분 동안 진행되었으며, 면담자는 이현정, 촬영자는 이봉규·강재성이었다.

구술자 본인들의 프라이버시나 제3자의 프라이버시를 보호해야 할 부분을 제외하고는 구술자의 발화를 있는 그대로 전사했다.

동거차도 주민 **차남돌**

2017년 3월 26일

1
시작 인사말

면담자　　　본 구술증언은 4·16 사건에 대한 참여자들의 경험과 기억을 기록으로 남김으로써 이후 진상 규명 및 역사 기술에 기여하고자 합니다. 지금부터 차남돌 씨의 증언을 시작하겠습니다. 오늘은 2017년 3월 26일이며, 장소는 동거차도 차남돌 씨 자택입니다. 면담자는 이봉규이며, 촬영자는 장원아입니다.

2
가족 소개와 동거차도 등지에서의 생활

면담자　　　인터뷰 같은 거 해보신 적 있으세요?

차남돌　　　아니지, 안 해봤지.

면담자　　　그러셨구나. 자제분이 목포에 살고 광명에 산다고요?

차남돌　　　목포가 우리 큰아들이 살고.

면담자　　　그렇게 해서 5남매라고 하셨는데, 다른 자제분들은 어디 사세요?

차남돌　　　또 이제 수원 가 있고. 또 인자 하나는 전라남도 순천에 가 있고, 딸이. 무안에도 또 하나 있고, 딸이 하나 있고.

면담자　　　그러면 자제분들이 돈을 좀 챙겨서 보내주는 걸로 생활하시는 거예요?

차남돌   아니, 제가 이제 옛날에 벌은 돈 가지고 어떻게 해가지고 먹고살고.

면담자   병원도 그걸로 다니시고요?

차남돌   응. 있는 돈 갖고 지금 먹고살고 있고.

면담자   그러셨구나. 아버님은 계속 여기 사셨다고 들었는데. (차남돌 : 그렇지) 그래도 목포 잠깐 나가서 사신 적도 있다고 그러셨잖아요?

차남돌   그렇지. 목포는 내가 인자 하도 아프니까 자주 인자 다니지, 다달이 다니니깐. 그리고 이제 신안에는 한번 여기서 나가면 두어 달 동안 있다가 들어오고. 11월 달부터 나가면은 한 2월 달에나 들어오고.

면담자   동거차도에는 왜 안 계세요?

차남돌   추우니까. 아, 추운 것이 아니라 사람이 없지. 사람이 없으니까 인자 전부 나가버리니까.

면담자   적적하기도 하고.

차남돌   응. 그러니까 다 이제 자식들한테 가서 있다가 따시면, 날이 풀리면 인자 예를 들어서 구정 쇠고 하면 며칠 있다가 전부 들어오고.

면담자   아버님 연세가 일흔다섯이라고 그러셨지요? 일흔다섯이면 해방되기 전에 태어나셨는데. (차남돌 : 그렇지) 그러면 그때 어렸을 때부터 여기서 가족과 같이 쭉 사셨던 건가요?

차남돌　　　그렇지. 부모들하고 같이 부모님 모시고 살다가 부모님 돌아가시고. 제가 인자 그 뒤로 여기서 유지를 하고. 우리 동생들은 내 밑의 동생들은 8남매 낳았는데 우리 장형이 먼저 14살 때 돌아가시고. 그 뒤로 또 이제 우리 누나들이 두 분이 또 돌아가시고. 지금 현재 지금 5남매 있지.

면담자　　　8남매인데 위에 두 분이 돌아가시고?

차남돌　　　세 명.

면담자　　　위에 세 분이 돌아가시고 5남매가 남았는데 거기서는 첫째이신 거죠?

차남돌　　　우리 큰누나가, 인자 제일 장 누나가 지금 여든넷이고.

면담자　　　큰누나는 여기 사시지는 않나요?

차남돌　　　우리 장형이 어렸을 때 14살 때 돌아가시고 인자 우리들이 커 갖고, 부모 밑에서 커서 아버지가 돌아가시고 난 뒤에 내 동생들이 목포로 나갔어요, 살러.

면담자　　　여기 근처에 사시는 차씨네 분들이 몇 분 더 계시던데, 다들 친척분들이세요?

차남돌　　　내가 인자 우리 차씨 집안에서 내가 제일 장남, 어른이지.

면담자　　　그럼 이것저것 도와주시는 것도 많으시겠네요?

차남돌　　　그렇지. 무슨 일 나면은 내가 이제 전부 다 그러고 있지. 그러고 우리 막냇동생 애가 같이 나하고 살고 있고.

면담자　　　막냇동생분은 성함이 어떻게 되시죠?

차남돌　　　차남표.

면담자　　　차남표 씨가 막냇동생이신 거예요? (차남돌 : 예) 그리고 또 여기 동거차도에 같이 사시는 분이 있으세요?

차남돌　　　저 우리 사촌 인자 우리 형수들이 살고 있고.

면담자　　　형수님은 여기 사시는구나. 혹시 성함을 제가 좀 여쭐수 있을까요?

차남돌　　　김명심.

면담자　　　그럼 여기 사시는 분이 두 분이신 거네요?

차남돌　　　응, 그렇지.

면담자　　　그러면 아버님은 이제 몸이 안 좋으시니까 여기서 쉬시기도 하고 소일하시는 것이고요.

차남돌　　　그렇지. 내가 병원 갔다가 목포 가서 약을 지어갖고 검사도 하고 오면, 내가 공기 좋은 데서 내가 있을라고. 항상 애들은 "목포에 있으라"고 병원 가차운[가까운] 데 있으라는데, 내가 이런 데 있는 것이 공기도 좋고 하니까 활동도 하기 좋고 하니까 와서 있지.

3
동거차도 주민의 구성과 생계

면담자   여기 동네에는 어느 성씨 분들이 많이 사세요?

차남돌   옛날에는 여기가 차씨, 김씨, 조씨가 제일 많이 살았지.

면담자   옛날부터면 일제강점기부터요?

차남돌   그렇지. 이씨도 인자 여[기]가 파가 많지.

면담자   이씨가 이제 많아졌어요?

차남돌   그전에도 있는데, 지금은 인자 최씨들 그런 분들도 있고. 그 사람들도 다 이런 데 살다가 전부 다 자식들이 부모가 돌아가시니까 전부 다 밖으로 서울로 얼[어디]로 다 나가부러 사는 사람도 있고 그러니께 몇이가 안 살지. 그러니까 집이 옛날에 촌, 여기가 사는 부락이 한 80호, 90호 같이 살았는데 지금은 한 40호, 50호?

면담자   저쪽 2구랑 합해서요?

차남돌   2구까지 해서 한 60호?

면담자   그렇군요. 그러면 차남표 씨하고 형수 되시는 분하고는 여기서는 어떤 일 하세요?

차남돌   대개 우리같이 미역이나 이런 거 하고 있지.

면담자   두 분 다?

차남돌   우리 동생도 몸이 안 좋으니까 미역밭 이런 거 하다가 그만둬 부렀지.

면담자   어장 하다가 그만두셨고. 근데 사촌 형수는 계속 미역 일을 하시는 거네요?

차남돌   거[기]도 몸이, 인자 거기도 눈이 완전히 안 좋아서 지금 서울 가 있지, 딸네 집.

면담자   그럼 형수님은 어장을 가지고 계시거나 그런 건 아니고.

차남돌   그런 건 아니야.

면담자   일하고 품삯 받으시는 거군요. 그러면은 벌이가 좀 어떠시다고 들었어요?

차남돌   버린 것이?

면담자   아니요, 하루에 얼마씩 받는 일당 같은 거요.

차남돌   아, 일당. 여기 일당은 뭐 미역은 하루에 이빠이[가득] 넣으면 5만 원씩.

면담자   그러니까 어장을 가지고 계신 분에 비해서 그냥 일해 주시는 분은 그렇게 돈을 많이 벌진 못한다는 거네요? (차남돌 : 그렇지) 돌미역은 장사가 꽤 잘된다고 들었어요.

차남돌   자연산 돌미역은 인자 하면은, 1년에 미역이 좋다 하면은 70만 원에서 한 50만 원, 최하가 3, 40만 원. 그것은 인자 부락 단위로 해갖고 호수 따라서 나눠 주지. 그놈을 처치해 갖고 오면은 전부 다 나눠서 개인당한테 나눠 주면, 미역은 개인들이 [파는 거고].

면담자   양식 미역 말고 자연산은 공동으로 채취해서 분배한다는 말씀이죠?

차남돌   양식이 아니고 자연 미역인데 그런 거 캐갖고 오면은, [마을] 사람을 양쪽으로 동서 편으로 분 가르는데, 그놈을 캐갖고 와주면 일단 한쪽에 한 20명이면 20집을 나눠. 똑같이 나눠갖고 그놈을 자기네들이 널지. 널으면 그놈을 말려서 팔러 가는 것은 개인들이 팔고 하니까. 많이 받은 사람이 있고 적게 받은 사람이 있고.

면담자   파는 것은 개인이 한다는 말이죠?

차남돌   응, 그렇지. [채취]하는 거는 같이 합동으로 인자 하고.

면담자   여기가 공기도 좋고 해서 몸 건강 챙기시는 데 좋다고 하셨는데요. 여기 사시면서 어려운 점은 어떤 게 있으신지요?

차남돌   어려운 것은 이제 뭐 별로 없는데 먹고사는 것이 제일 어렵다고 봐야지. 여기는 농사도 없고 단지 바닷가에서 자연산 미역이나 양식 미역 갖고 먹고 조금씩 벌어서 하고 있지. 딴것은 아무것도 없어요. 농사지다가 이제 옛날부터, 아까쯤에 그랬지만 농사짓다가 농사 안 지으니까. 이제 그러고 파래 같은 거. 옛날 쑥 같은 거 재배를 했는데 쑥도 이제 판매가 다 안 됭께 그것도 걍 치워버리고. 그러니깐 해볼 것이 없지.

면담자   아버님 예전에 배 타셨다고 들었습니다. (차남돌 : 응) 언제부터 배 타셨어요?

차남돌   내가 한 20살?

면담자   20살 때부터요? 그러셨구나. 그때 얘기를 좀 해주세요.

차남돌   그때는 어려운 세상이니까 학교도 부모들이 돈이 없으니깐 학교도 못 보내고. 국민학교 나와서 할 거 없으니까 형편상 그 배로 다니믄서 벌어서 먹고 생활할라니까 그렇게 되는 거이지.

면담자   그때는 형제분들도 같이 배를 타셨고요?

차남돌   같이 있었어요. 그리고 내 밑에 동생들은 어리니까 배도 못 댕기고. 아버지도 부모도 나이가 잡숫고 배를 못 댕기고. 혼자서 벌어서 인자 먹고 같이해 나갔지.

면담자   그럼 20살 때 혼자 돈 벌어서 가족들이 다 같이 먹고사신 거네요?

차남돌   그렇지. 그라면 인자 그때 돈 한 50만 원 벌었다 하면 "큰돈 벌었다" 했었어.

면담자   그래도 배를 타니까 돈이 꽤 되었군요.

차남돌   그라면 그거 갖고 이제 1년 통계[사시사철]를 먹고살지. 그리고 인자 거기서 좀 있다 자식들 낳으면은 목포로 중학교나 고등학교, 대학 [보내고]. 다만 어장 하는 사람들은, 좀 나은 사람들은 대학교도 가는 사람들도 있고. 그리고 또 그보다 못한 사람들은 중학교도 못 내는 사람들도 있고. 그래도 조금 하는[사는] 사람들은 고등학교까지는 나온 사람들도 있고, 그런 거밖에 없지.

면담자　　그럼 배를 20살부터 타서서 언제까지 타셨어요?

차남돌　　내가 배 타고 그때부터 탄 것이 한 60살?

면담자　　그러면 40년을 타신 거네요.

차남돌　　그렇지. 한 40년 배 탔지.

면담자　　배 타시다가 결혼도 하시고. 결혼은 언제 하셨어요?

차남돌　　내가 결혼은 군대 갔다 와서 스물다섯에.

4
동거차도 내 유가족과 기자에 대한 인상

면담자　　이번에 또 기름유출 되고 이랬었잖아요. 아버님은 지
금 일을 하시지는 않아서 경제적으로 당장 타격받고 이런 거는 없으
신지요?

차남돌　　우리는 인자 뭐냐 하면은 지금 유출된 것은 단지 우리
갯밭이나 자연산 미역이나 톳이나 가사리[가시리] 그것이 우리가 먹
고살 거인데, 인자 그것이 유출돼 버리면 아무것도 해볼 것이 못 되
지. 우리들이 1년에 그것을 보고 사는데 그것이 못 해분다면 또 이
제 어려움이 많이 있다고 봐야지.

면담자　　그렇죠. 어머님과 함께 톳이나 돌미역 채취를 소일거
리로 조금씩 하셨던 모양이네요?

차남돌　　　그것이 이제 우리가 지금 나이가, 예를 들어서 여그 활동할 치가[정도가] 되면은 가서 개인으로 활동해도 하는데, 나이가 먹어갖고 못 하는 사람들은 그만두고. 그것도 이제 못 해부고 하는 사람들도 많지. 일흔이 넘었는데 뭣을 하겠소, 칠순 넘어갖고. 할 것이 없지.

면담자　　　이번 기름유출 때문에 엊그저께는 배 타고 나가서 시위도 했다고 그러던데, 그런 얘기는 좀 들으셨어요?

차남돌　　　그것은 잘 모르지. 내가 인자 그 바다에를 안 다니니깐. 나이가 먹어갖고 몸도 안 좋고 안 되니께 모르는데. 바다에 가 본 사람들이 뭐라 하면은, 기름이 많이 유출돼 갖고 양식 미역에 다 붙어서 인자 금년에는 양식 미역도 못 헌다니까. 그것이 이제 어려움이 겁나 많다 봐야지.

면담자　　　세월호 침몰되고 나서 동거차도에 기자들부터 유가족까지 참 많이 왔었잖아요. 오며 가며 좀 보셨을 텐데 어떠셨어요?

차남돌　　　내가 목포서 병원생활을 많이 하니까 그 사람들하고는 많이 상대를 안 해봤으니 잘 모르는데, 대충 보면은 그 사람들 고생들 많이 하지요. 왜 그러냐면은 저그 세월호 올리기 전에 한 3년 전부터 계속 산에 가면 텐트를 쳐놓고 거기서 자기들이 밥을 해 먹으면서로 살고 있는데, 일주일 한 번씩 바꿔주더만, 가만히 보니깐. 그 사람들이 참 어떻게 생각하면은 겁나게 고생이 많은 사람들이여. 그라면은 우리가 가끔 가서 한 번씩 돌아다 보면은, 어찌 보면 겁나게 안쓰러워서 못 봐요. 그런 측면도 있고 그러니깐, 지금 내가 생각하면은 세월호가 저렇게 무사히 잘 올렸으니깐 인자 그분들도 좀 기분이 좀 괜찮을 거야.

면담자   유가족들 계시는 천막에 한 번씩 올라가 보셨던 모양이네요.

차남돌   그렇지, 가끔 한 번씩 다녀보지.

면담자   어떤 일 때문에 가셨어요?

차남돌   뭐 가서 말할 것은 없지만은 쪼까 인자 가서 어찌하고 있는가 그것이나 보고 내려오고 그러지. 그 사람들 무슨 대화를 할 수가 없지.

5
동거차도의 경제활동

면담자   "차씨, 김씨, 조씨가 여기 옛날에 많이 살았다"고 그랬잖아요. (차남돌 : 응) "지금은 많이 줄고 다른 성씨도 많이 들어왔다"고 그러셨는데요.

차남돌   다른 성씨가 들어온 것이 아니라 그냥 그대로 산 사람들이 인자 있지. 그라고는 딴 성씨들이 들어온 사람들은 별로 없지.

면담자   옛날에도 만약 동네일 같은 걸 정한다고 하면 적극적으로 얘기하고 동네일에 나서는 분들이 있었겠네요?

차남돌   옛날에는 조씨, 차씨들이 제일로 많다고 봐야지.

면담자   사람 수도 많았지만 그분들이 좀 나서서 적극적으로 하고. (차남돌 : 웅) 여기서 사신다고 하시지만 쭉 배를 타셨으니까 멀리 배 타고 나가시고 그러시지는 않으셨어요?

차남돌   내가 최고 멀리 간 데면 저 남지나. 남지나라고 알란가 몰라도.

면담자   남지나면 남중국해? 멀리 가셨네요.

차남돌   그렇지. 거기가 동지나, 남지나라고 중국 땅 가찹게[가깝게]. 저 밑에 그라면 이제 왜 했냐면, 그 5광구, 7광구 그 기름 나온 데. 거기까지 인자 우리가 [갔지].

면담자   지금 가기도 먼 곳인데, 가는 데 얼마나 걸렸어요?

차남돌   여기서 거기까지 갈라믄 시간 수로 따지면 한 50시간. 한 50시간 이상 가야 거가서 작업을 해갖고. 그럼 거기 가면 사람이 죽냐 사느냐 하고 거기 갈 판이지, [돈] 벌러.

면담자   거기서 죽은 사람도 있었어요?

차남돌   많이 죽었지. 거기서 태풍 만나갖고서 죽고, 무슨 일 하다가도 죽는 사람도 있고 그런 사람들 많이 있지.

면담자   남지나에는 고기잡이하시러 가신 건가요?

차남돌　　　　고기를 잡으러 다니니까 할 수 없이. 이런 가차운 거리는, 옛날에는 칠산 앞바다라고 저기 [전북 부안군] 위도라고 하지. 위도 밖에서 옛날에는 조기잡이도 했는데 거기가 조기가 안 나오고 난 뒤로부터 인자.

면담자　　　　칠산 앞바다요?

차남돌　　　　옛날에는 칠산 앞바다라고 했지. 연평도에 가서도 했고.

면담자　　　　연평도면, 저기 위쪽이잖아요?

차남돌　　　　그렇지. 거기까지도 가서 조기도 잡고 그랬는데, 지금은 거기 앞까지는 조기가 못 들어오니깐 지금 안 하고 한 지가 상당히 오래됐지.

면담자　　　　그러면 연평도에서 조기잡이를 못 하게 되시면서 이제 저 멀리 동지나도 가셨어요?

차남돌　　　　그렇지, 남지나에.

면담자　　　　그럼 남지나 가셨던 때는 아버님 연세가 어떻게 되셨는지요?

차남돌　　　　내가 그때 나이가 한 삼십 이짝저짝 될 때?

면담자　　　　30살쯤이면 결혼한 다음이시죠?

차남돌　　　　그렇지.

면담자　　　　결혼하고 나셨으면 위험하니까 어머님도 걱정 많이 하셨겠어요.

차남돌   그렇지. 그런 데 한 번 가면은 아주 목숨을 걸고 가는
판이지.

면담자   다른 주민분한테 얘기 들어보니깐 남편이 배 타고 나
가가지고 안 돌아와서 남편을 잃었다는 얘기도 있던데, 그리 멀리 나
가서 괜찮으셨어요?

차남돌   배 타고 나가갖고 안 들어온 사람은 별로 없을 거인
디? 왜 그러냐면은 옛날 일본 시절 때는 배를 타고 나갔다가 일본 놈
들한테 많이 끌려서 가갖고 일본서 살다 있는 사람도 있었지, 옛날
에는.

면담자   징용 끌려 나가서요?

차남돌   그렇지. 그래 갖고 이제 못 들어오고 일본 살다가 [거
기] 있는 사람도 있고.

면담자   아버님 주위에서도 그런 분이 있으셨어요?

차남돌   우리 친척에도 한 분이 계셨지.

면담자   일본에 계속 사는 분이요?

차남돌   아니, 돌아가셨지 이제.

면담자   그러니까 그때 징용으로 일본에 가서 사시다가 돌아
가신 거네요? (차남돌 : 응) 그럼 그분은 일본 가서 사시는 동안에는
뵙진 못하셨겠네요?

차남돌   못 했지.

면담자   "그냥 거기서 산다"는 얘기 정도만 들으셨네요?

차남돌   응. 한 번 여기 들렀다가, 왔다가 가갖고는 여기 못 오고 그냥 돌아가서 버렸지.

면담자   아버님 댁 집안 어른들은 언제부터 여기 사신 거예요?

차남돌   우리 아버지 때들은 [모르지], 우리 할아버지 조상이 들어온 지는 우리들도 모르죠. 아버지들도 잘 모르지, 인자.

면담자   그럼 일제강점기보다 훨씬 전이에요?

차남돌   그러니깐 옛날 우리 차씨들이 언제 들어온 지를, 우리는 아버지 때도 모른다는 그 말이여. 그다음 우리 선산에 있는 것은 지금 5대가 묻혀갖고 있는데, 5대 할아버지밖에 모르는데 딴 할아버지들은 몇 대가 들어와서 산지를 모르지, 지금.

면담자   그 5대 할아버지는 여기 사셨고요?

차남돌   여기 지금 묻혀갖고 있지요.

면담자   묘가?

차남돌   응, 묘가.

면담자   그럼 최소 5대 정도니까 굉장히 오래 사신 거네요.

차남돌   그러니깐 옛날 차씨들이랑 조씨들이 제일 먼저 들어와서 살았다고 봐야지, 인자.

면담자   아버님, 그러면 남지나에 배 타고 가실 때에는 큰 배 타고 나가시는 거잖아요?

차남돌   배가 크다 볼 수 없지.

면담자   그래요?

차남돌   톤수로 따지면은 한 20톤.

면담자   20톤이면 작지 않아요?

차남돌   그렇지, 배가 20톤이면 작지요.

면담자   풍랑 맞으면 정말 위험한 거죠?

차남돌   그렇지. 우리도 풍랑 많이 맞아봤지. 그렇게 배가 [풍랑] 한 번 맞으면 우리가 여기서 죽냐 사냐 하지. 그래 갖고 거기서도 풍랑 맞고 배들도 많이 사고 난 배들도 많이 있었어, 옛날에는.

면담자   그때는 일기예보도 없으니까 위험했겠어요.

차남돌   그때는 날씨를 모르지라. (면담자 : 그렇죠) 요즘은 날씨가 며칠 전부터 아는데 그때는 모르는 때여.

면담자   그러니까 더 걱정도 되고 그런 거예요.

차남돌   지금은 어장 배들이 전자제품이 좋아지니까 벌써 바람이 온다면 언제 온다는 것을 다 알고 기상통보를 다 알아버리니깐 그러는데[괜찮은데], 옛날에 우리들은 그런 장비가 별로 없었었어. 그래 갖고 바람이 많으면 많은가 보다, [비가] 오면 오는가 보다 해서 몰랐었지.

면담자   그러면 그 20톤짜리 배를 타고 같이 가시는 분들은 몇 명쯤 타고 나가시는 거예요?

차남돌   한 8명 내지 9명에서 10명.

면담자   그럼 배에 타시는 분들은 전부 다 여기 동거차도에 사시는 분들은 아닐 것 아니에요?

차남돌   동거차 사람들도 많이 있고 외도 사람도 있고.

면담자   그러면 그때 멀리까지 나가는 배는 준비를 많이 했을 것 같은데, 그만한 배를 부릴 만한 집이 동거차도에 있었어요?

차남돌   그 사람들은 미역 배가 있는 것이 아니라 차대를 많이 했지. 차대란 것이 뭐냐 하면, 남의 배를 빌려갖고 거기서 인자 몇 개월 동안, 예를 들어서 3월부터 한다 하면은 3월, 4월, 5월, 6월 달에 끝나믄 한 3개월 동안 어장 배를 빌린다 말이야. 그럼 한 달에 예를 들어서 몇십만 원씩 주고 배를 빌려갖고 그 기한이 넘으면 그 배를 바로 선주한테 도로 넘겨주고 그런 식이었어요.

면담자   그때 배 빌려주는 선주는 동거차도 분이었어요?

차남돌   아니지. 그런 것이 아니라 저기 저 딴 데서 먼 데서 차대를, 강원도 가서도 배를 빌려오고 구룡포서도 빌려오고 사방에서 여러 많은 데서 빌려오지.

면담자   아버님이 30대일 때면 60년대인데, 그때 이미 배를 거기까지 가서 빌려가지고 타고 다니시고 그러셨군요?

차남돌   내가 빌리는 것이 아니라 어장 선주가 빌려갖고 오면 우리가 그 배를 타고 나가지.

면담자   아버님이 그렇게 빌린 배로 고기 잡아다가 가족들이 생활하셨네요?

차남돌   그렇지.

면담자   부모님은 언제 돌아가셨어요?

차남돌   우리 부모 돌아가신 지가 33년, 32년.

면담자   부모님은 어떻게 돌아가셨어요?

차남돌   몸이 좀 아파 갖고 돌아가셨지.

면담자   그럼 선친도 주로 배 타고 생활하셨나요?

차남돌   인자 주로 배로만 선박생활 했지.

면담자   선친도 배 타셨군요. 그러면 다른 동네 분들은 어떻게 사셨는지도 좀 얘기를 듣고 싶은데요.

차남돌   다 그것이 나 같은, 딱 똑같은 실정으로 살았지.

면담자   남자분들은 주로 배 타고 나가서 하시는 게 제일 많았나요?

차남돌   남자들은 주로 배로 생활 많이 하고.

면담자   그럼 미역 같은 건 어머님들이 하셨어요?

차남돌   여자들은 주로 농사를 하고, 그때는 보리농사.

면담자   그때는 보리농사를 했었어요?

차남돌   보리. 여기는 이제 논이 없으니깐 보리나 고구마 말려서 팔아갖고 이제 또 그런 거 갖고 생활 영위하고.

면담자   옛날에는 요즘 같은 양식장은 없었어요?

차남돌   옛날에는 양식장 이런 게 전혀 없고.

면담자   그러면 동거차도에서 미역이 이렇게 막 유명해지기 시작한 때가 언제부터예요?

차남돌   양식장 미역을 한 지가 한 십몇 년밖에 안 됐겄소.

면담자   아, 그렇게밖에 안 됐어요?

차남돌   응.

면담자   그렇군요. 그 전에는 어머님들은 보리농사, 고구마농사 같은 거 지으셨고….

차남돌   그러다가 그것이 판로가 잘 안되고 농사가 안 되니깐 그만둬 버리고, 배로만 벌어서 먹고사는 것이 오직하겄소, 뻔한 거지.

면담자   그래서 아버님은 배를 40년 타시다가 이제 힘드셔서 그만두신 거예요?

차남돌   그렇지. 몸이 이제 안 좋으니께. 나이도 있고 그라이께 배도 못 타. 내가 지금 몸이 안 아팠을 때 한 60살까지는 배를 냈는데, 60살 이상 넘을 때는 그만둬 버렸지.

면담자　　배 타는 일도 워낙 거치니까요. (차남돌 : 응) 지금 대화하시기 괜찮으세요?

차남돌　　숨이 좀 가쁘네요.

면담자　　그러세요?

차남돌　　말을 많이 하니께. 그란데 우리 여기 사는 사람들, 제일 여자들이 고생하는 것은 뭣이 고생을 많이 했냐 하면….

면담자　　예, 그런 얘기도 해주세요.

차남돌　　지금 수도가 이제 우물이 지금 되어갖고 있응께 다행이지만은, 옛날에는 물이 겁나 귀했었어요. 물이 샘에서 이렇게 파서 먹고살았는데 물이 딸리면은[부족하면은] 저 [조도]면에서 이렇게 물을 배달시켜 줘갖고 받아서 먹고. 그렇게 하면은 여자들이 고생을, 물병에 넣어갖고 가서 물 전하려[고] 말도 못 허게 고생했지, 여자들이. 근데 지금은 수도가 이렇게 생겨지면서 고생이 많이 이제 풀렸다 봐야지.

6

기름유출과 동거차도 내 외부인에 대한 생각

면담자　　아버님은 그때 세월호 침몰한 거 보시면서 되게 안타까워하시기도 하고 산에 몇 번 올라가서서 가족분들이랑 같이 또 지내시기도 하셨잖아요. 그런데 2014년에 처음 침몰됐을 때 여기 기름이 유출돼서 피해를 많이 입으셨다고들 하는데, 그런 얘기 혹시 들어보신 적 있으세요?

차남돌　　　내가 저기 배가 사고 난 지는 그때 내가 저까지 멀리 있어 놔서 잘 몰라. 그란데 거 인자 내가 그때 와서 오니까 내가 인자 사고는 난 줄 아는데, 여기 실정은 몰랐었지. 그래 갖고 뒤에 말 들으니깐 [2014년에] 양식 미역이 잘 이뤘는데 "그해가 하나도 [수확을] 못 해불고 했다"고 그런 말 들었고, 그래 갖고 미역을 하나도 못 캐부렀지. 인자 큰 피해를 봤는데, 그것을 "[보상을] 전부 다 100프로 해주는데[해준다"고 했는데] 하나도 해지도 못하고. 그래서 지금 이번에도 이렇게 사고가 나버린께 또 인자 어떻게 할런가 모르겠지만은, 이번엔 그렇게 안 될 거여, 옛날같이는. 두고 봐야지.

면담자　　　마을 분들이 모여서 회의도 하시던데, 거기는 가보셨어요?

차남돌　　　예, 갔다 왔어요.

면담자　　　무슨 얘기들 하던가요?

차남돌　　　주로 인자 그 말이지 뭐. "옛날같이 우리가 속지는 안 한다", 업주들 하는 소리가.

면담자　　　근데 보상받으신다고 해도 여기 마을 분들이 일괄적으로 똑같이 보상받는 건 아니지 않나요?

차남돌   그렇지. 양식 미역 하는 업주들이 그 얼마를 앞으로 그 것이 받을랑가 모르겠소만은, 내 생각에는 그것이 100프로 받으면 좋지요. 그라지만 그것이 어찌 될랑가 그것은 잘 모르겠소.

면담자   돌미역이나 톳같이 공동 작업 한 것은 보상받을 수 있 나요?

차남돌   톳은 우리 자연산 톳, 그것이 인자 한참 이제 길어갖 고 요만한 정도 되었을 거야, 지금. 한데 그것이 [기름이] 묻어버리면 그것도 인자 버렸어, 버려버렸어.

면담자   그런 거는 보상을 어떻게 받아요?

차남돌   그거를 말했어.

면담자   그런 것들을?

차남돌   이것이, 옛날같이[2014년처럼] 이렇게 보상을 하면 안 되니께, 충분히 최소한도로 해본다 그럴까.

면담자   마을에서 같이하는 공동 어장도 있으시다면서요?

차남돌   그래, 그것이 바로 이제 톳이지.

면담자   2014년에는 안 해줬는데 이번에는 해달라고 얘기는 한 거군요?

차남돌   그렇지. 그렇게 했다 봐야지.

면담자   혹시 세월호가 침몰하기 이전에도 혹시 이런 식으로

크게 피해 입은 일이 있었나요? 태풍이라든가, 다른 기름유출이 있었다든가?

차남돌   그런 것은 없었지. 세월호 사고 나갖고는 이렇게 피해를 봤지, 태풍이나 뭣이 와서는 이런 피해는 본 적이 없었지.

면담자   아, 기름유출은 없었고요?

차남돌   그렇지, 처음이니깐. 기름 갖고는 처음이라서 피해를 봤는데. 우리 개인 거 양식, 우리 자연산 미역 이런 것은 태풍 오면은 좀 떨어지는 건 떨어질라면 그러지. 그러지만은 그닥 커다란 피해는 없지.

면담자   그러면 이번에 세월호를 인양하는데 기름이 또 유출되니까 마을 분들이 피해 본다고 좀 불만 있거나 하지는 않았어요?

차남돌   뭐이라고?

면담자   아니, 이번에 외지 사람들이 들어와서 담배꽁초 같은 거 버리니까 "그러지 말라"고 방송도 나오던데요.

차남돌   그것은 이제 이장으로서는 마을이 깨끗[하도록]. 동거차는 아직까지 담배, 젊은 사람들이나 나이 먹은 사람들이나 담배 피[우]는 사람이 없어요. 그러니깐 담배 판매하는 사람들도 다 감춰 버리고 그런 거 파는 집이 없어요. 그러니께 담배꽁초라는 것은 잘 없지. 그래 갖고 일주일마다 한 번씩 청소도 하고 그랑께 인자 그런 걸 "버리지 말라"고 이장이 방송한 거예요.

면담자   이번에 기자들이나 저희처럼 외지 사람들이 많이 왔잖아요. 그래서 지내시기가 어떠세요?

차남돌   그것은, 제가 알기로는 뭐냐 하면은 전부 다 그것은 세월호 일 때문에 온 줄은 아니까. 인자 그 개인적으로서 딴 집서 다 이렇게 같이한다면 모르지만은, 따로따로 하니까 제가 그 사람들하고 같이 행동을 안 하니깐 모르지. 그 사람들하고는 우리가 이렇게 대화를 안 해보죠.

면담자   그냥 보시기에는 어떠세요? 갑자기 사람도 많아졌는데?

차남돌   사람이 왔다 갔다 하는 것은 얼굴은 보지만 대화를 안 해보니깐 모르지, 인제. 어떻게 지내는지 어떻게 잠자리는 어떻게 편하게 자고 있는지 우짠지 잘 모르지.

면담자   보시기에 불편하시다거나 그렇지는 않으셨어요?

차남돌   그런데 나도 인자 우리 작은집, 큰집도 사람들 [잠자리를] 두엇이 줬지만은, 사람이 잘 자리가 없다는데 사람치고서 잠을 안 자겠어요? 내가 못 자더라도 같이 이제 자게 만들어줘야지.

면담자   네, 감사합니다. 아버님 건강도 편찮으신데 이렇게 얘기 길게 해주셔서 너무 고맙습니다.

동거차도 주민 차남표

2017년 3월 26일

1
시작 인사말

면담자　　본 구술증언은 4·16 사건에 대한 참여자들의 경험과 기억을 기록으로 남김으로써 이후 진상 규명 및 역사 기술에 기여하고자 합니다. 지금부터 차남표 씨의 증언을 시작하겠습니다. 오늘은 2017년 3월 26일이며, 장소는 동거차도 최순심 씨 자택입니다. 면담자는 이봉규이며, 촬영자는 이민입니다.

2
가족관계 및 동거차도의 생활

면담자　　먼저 힘든 조건 속에서도 면담에 응해주셔서 감사드립니다. (차남표 : 예) 우선 동거차도에서 선생님의 삶에 대해서 간단하게 좀 여쭤볼 건데요. 언제부터 동거차도에 사시게 되셨는지요?

차남표　　첨에 태어날 때부터 살아가지고.

면담자　　태어나신 때가?

차남표　　[19]52년 9월 19일생입니다. 19일생인데 서울에서 한 6, 7년 살았나? 그런 정도 살다가 다시 거기서 요쪽에 사업 쪽으로 좀 뛰어들어야 쓰것다라고. 그래서 근무하다가 [동거차도에] 와서 집 안일하다가 다시 멸치 사업에 지금 한번 해봐야 쓰것다라고. 인제 배 사가지고 사업을 좀 하는데 그게 또 한 번 실패를 했어요, 옛날에. 그러고 나서 또 한 10여 년 쉬었다가 다시 내가 목포에서 98년도에 내가 배를 사가지고 또 멸치 사업을 했습니다. 그러다가 애기 엄마 그 수술 문제로 어장 하기가 좀 힘들 것 같아서 2002년도에 내가 배 감척을 넣었습니다, 다시. 그리고 지금은 놀고 있는 상태인데 그러다가 그 세월호가 사건 나서 우리 이옥영 씨, 우리 조카 배 그거 좀 도우러 갔다가 그런 현상이 좀 일어났었죠.

면담자　　그때 얘기는 좀 이따가 자세히 여쭙겠습니다. 그러니까 서울에서 계시다가 목포로 내려오셔서 멸치잡이 배를 하셨네요?

차남표　　동거차에, 동거차에서.

면담자　　아, 목포가 아니라 바로 동거차도에서.

차남표　　예, 동거차에서 했습니다. 제 고향이기 따무로[때문에].

면담자　　그럼 동거차도에 오신 게 (차남표 : 72년도) 72년도에 돌아오신 것이고요.

차남표　　1972년도에 다시 들어왔지요. 들어왔다가 인자 정착이 되는 거지요. 군대 갔다 오고.

면담자　　어머님께서 수술하셔 가지고.

차남표　　배 사업은 접었고, 감척 넣었습니다.

면담자　　배 사업을 접은 게 이제 2002년이었네요. (차남표 : 예) 그리고 나선 지금까지 특별히 일하는 것은 없는 것입니까?

차남표   지금은 딱히 없고, 이제 우리 옥영이 조카를 좀 도왔지요.

면담자   그렇게 하면서 벌이를 함께 하신 거군요. (차남표 : 예) 가족분이 어떻게 되시는지 말씀 부탁드립니다.

차남표   가만있어 봐. 내가 2000몇 년도라고 했지? 배 감척 넣은 지가 5년 됐으니까, 지금 17년이지요잉? (면담자 : 네) 아, 2012년도에 내가 감척 넣었네.

면담자   배 감척이요?

차남표   예. 내가 그러니까 착각을 했네, 5년 전에 감척을 넣었으니까.

면담자   5년 전이면 12년에 감척을 신청하셨네요?

차남표   그러지요잉. 아까 내가 그거를 2000몇 년이라 한 거 같은데. 음, 그리고 뭔 말씀을 하셨나?

면담자   예. 가족분들 소개 좀 해주십시오.

차남표   아, 저희 큰아들은 지금 부천에 있는데 지금 40살입니다. 그리고 둘째 아들이 연년생으로 낳아가지고 서른아홉. 그라고 우리 막내가 딸인디 서른일곱. 지금 쩌그 저 파주에 있습니다.

면담자   다 외지에 나가 계시네요.

차남표   예, 그러죠. 인제 여기서 초등학교만 나오고 중학교 고등학교는 목포에서.

면담자	목포에서 하숙하셨겠네요?
차남표	대학교까지도 목포 나오고.
면담자	그럼 그때는 선생님도 목포에 나가서 같이 사신 건가요?

차남표 아닙니다. 저는 그때 어장 하니까 아이들이 이렇게 하숙집에다가 돈 얼마씩 우리가 주고 이렇게 맡기고 그러다가, 아이들이 또 그게 좀 부담스러워서 학원이나 어디 늦게 들어오면 저녁을 못 먹잖아요, 즈그 마음대로. 그래서 "방을 얻어달라" 해서 내가 또 [방을] 얻어서 즈그들 나름대로 그거 하라고 그렇게 생활을 또 했었고. 그렇게 우리는 교육을 시켰죠. 어차피 저희들은 사업에[을] 하다 보니까 아이들하고 같이 있을 수가 없잖아요.

면담자 그렇죠, 바쁘시니까. (차남표 : 예) 그럼 사모님도 주로 같이 계셨겠네요?

차남표 엄마가[아내가] 없으면은 사업을 할 수가 없습니다. 그리고 저 우리 단둘이만 사업한 게 아니라 나 밑에 선원도 있고, 또 같이 여자분들이 멸치 선별을 하게 해야 되니까 그러면 또 식사 문제도 있고 그러니까 그분들에 대해서 인제.

면담자 아, 그래서 사모님께서 늘 같이 계셨겠군요.

차남표 같이 있어야 되니까 이제 사정이 그렇게 됐지요.

면담자 알겠습니다. "요 주위에 친척분들이 계시다"고 들었는데요.

차남표   차동혁이도 내 조카고, 정록이도 내 조카고. 인자 그 이옥영이는 외가지요, 인제 엄마가 차씨야, 나한테 누나가 그래서 거기 되고. 차남돌 씨는 친형입니다. 여기 살고 있습니다.

면담자   그러면 차정록 씨, 차남돌 씨는 친가에 해당되시고요.

차남표   그러죠. 인제 우리 친가는 요기에 있죠.

면담자   두 분이 같이 사시는 거고. (차남표 : 예) 이옥영 씨는 외가 쪽이고?

차남표   예, 정록이는 우리 6촌 형님네 아들이고.

면담자   그러면 이옥영 씨는?

차남표   여기도 인제 나하고는 [엄마가] 6촌 누나지, 여기는. 그러니까 정록이는 7촌 조카가 되지요. 예를 들면 그러겠소, 형님의 아들이니까. 그러고 옥영이 엄마는 6촌이고. 옥영이네 엄마하고 정록이네 아버지하고 한 형제입니다.

면담자   [19]72년도부터 여기 오셔서 쭉 멸치잡이 사업을 하셨는데, 동거차도에 살면서 어떤 점이 좋으셨나요?

차남표   제가 이제 사업적으로 그거를 했기 때므로 뭐 좋다는 것보다는 사업이 잘 발전이 안 됐기 때므로[때문에] 좋은 점은 아니라고 봐야죠, 어쩌고 보면.

면담자   특별히 좋은 점은 없으셨군요.

차남표   네. 없다는 거지, 내가 볼 때는. 내가 뭐 성공을 하고 그랬다면 뭐 좋은 일이라고 할 수 있겠는데 특별히 어디다 뭐 이야기를 내세워서 할 수는 없는 부분이고. 그 부분은 그렇고 그러네.

면담자 그럼 좀 어렵거나 애로 사항이 많으셨겠어요?

차남표 애로 사항은 인제 나한테는 그 사업이 잘 안됐을 때랄까, 뭐 주위 사람들이랄까 마을 주민들이랄까 이런 분들하고는 속상할 일은 없었지만은, 나 혼자서야 사업이 좀 안 되거나 그러면 사실 속상한 일이 어디 없겠습니까, 사람이? 사람치고는 아무 사람도 뭐 육지 사업도 마찬가지고 회사생활 하시는 분들도 물론 그러고. 사업을 하시는 분들도 그렇겠지만, 안 되면은 속이 안 상할 수 없지요. 나름대로 속이 상하는 거 당연한 거 아닙니까, 그거는?

3
세월호 인양에 대한 소회와 기름유출 피해

면담자 세월호 얘기 전에 지금 인양 상황에 대해 여쭤보겠습니다. 최근에 배가 올라오지 않았습니까?

차남표 그거는 내가 언론도 아니고 뭣도 아니고 내가 자주 바다를 못 가기 때므로 처음부터 내가 얘기를 하기는 좀 그렇고. 내가 실물적으로 보는 관점은, 뭐 나보다도 훨씬 이제 선생님들이 더 아시겠지만은….

면담자 선생님이 보시고 느끼신 걸 이야기해 주시면 됩니다.

차남표   제가 볼 때는 뭐 거기 가서 현장에 가서 보지 않았기 때문으로, 나도 그냥 TV 보고 이야기를 할 수밖에 없는 입장이지요.

면담자   이번에 인양됐다는 소식 듣고 어떤 생각이 드셨나요?

차남표   아이고, 그거는 말할 것 없이 좋은 일이지요, 뭐라고 하겠습니까. 유가족들이나 그 미수습자 그 어머님, 아버님들이나 그 가족분들이 이번에 이거 올라와서 얼마나 좋은 일입니까. 그러나 저희들은 또 한편으로는 상당히 이 기름유출이 안 됐다면, 뭐 이런 말씀도 드리진 않겠는데, 저희들은 생계에 상당히 막대한 피해가 왔지 않습니까? 그리고 선생님들이 보다시피 우리 마을은 농사가 없고 아무것도 없습니다. 산과 바다밖에 없어요. 그럼 나올 것은 바다에서 모든 것이 나와서 우리가 생계유지를 하고 자녀들 가르치고 이렇게 하고 지금까지 살아왔는데, 나는 이제 뭐 자녀의 문제는 끝났지만 지금 젊은 분들이 많이 살지 않습니까. 그런 분들이 지금 거기다 생계를 유지하고 있는데, 3년 전에도 그랬지 또 이러지 그러면, 보상이라도 정부에서 막 흡족하게 해준 것도 아니고. 그걸로 해서 아직 정리가 안 된 분들은 너무 보상이 적다 해갖고 지금 재판을 소송을 하고 있어요, 아직 끝나진 않고. 나도 그거 하나 해봤는데 그건 우리들은 어디 올라가지도 안 했어요, 사실은. 그러면 너무나도 복잡한 이거 '자료를 다 가져와라' 하면 어디서 우리가 몇 년 전의 것을 구합니까? 그거는 있을 수 없는 이야기고. 이번에도 마찬가지예요, 이번에도 제가 볼 때는. 물론 가족을 잃은 분들도 있겠지만 저희들도 상당히 이게 피해가 있거든요. 그러면은 이게 이번에도 이런 억울한 일을 또 당하지 않습니까, 저희들도. 그러면 누구한테 이 일을 하소연합니까? 유가족한테 이야기를 하겠습니까 어디다가 하겠습니까? 정부에다 이야기를 하믄 정부 사람 말은 그냥 '100프로 [보상을] 해주겠다' 뭐 그러고 이야기는 하지만, 그게 하나도 실체가 옮겨지지 않지 않습니까? 여기까지입니다.

면담자   선생님은 세월호 유가족분들하고 친분도 있을 것인데요?

차남표   아, 저는 여기 미역 이거 우리 옥영이 조카가 도와달라 해서, 내가 우리 애 엄마랑 둘이 목포가[에] 집이 있어서 거기 가 있다가 온 지 지금 딱 일주일 됐습니다. 제가 여기 온 지가 딱 일주일 됐는데, 내가 집도 여기가 있긴 있어요. (면담자 : 여기에도 집이 있으시고) 예, 있는데 여기 있다가 일이 없으면 목포 가서 몇 개월을 가서 있다가 여기 들어오고 그러거든. 그러면은 "심부름 좀 해달라" 해서 지금 내가 들어온 겁니다, 우리 조카가. 그러다 보니까 또 이런 일이 생기네요.

면담자   그럼 유가족분들하고 특별히 친분이 있지는 않으신가요?

차남표   아, 그런 것은 없어요. 저는 전에 수습한 그 저 아가가 있었어. 그때 당시에 문지성이라고 그 애를 우리들이 그때 사고 났을 때 얼마 한 15일인가 20일 정도 됐을까 정확히 모르겠는데, 그때 그 애기를 인양한 적이 있어요. 그래서 그 아버님이 어머님하고 맨 처음에 와서 한 번 뵈었고 그 후로 이렇게 가끔 한 번씩 봤어요. 이제 [그 부모가] 우리 옥영이하고 가깝게 한 걸로 알아요. 왜 그러냐면 옥영이 자녀들이 저거 뭐냐 안산 쪽에 그 부근하고 가깝게 그분들하고, 저 애기 인양하는 아버님들하고 가깝게 사나 봐요.

〈비공개〉

면담자   다시 이번 기름유출로 돌아가서 질문드리겠습니다. "피해가 있으셨다"고 얘기하셨는데 구체적으로 어떠한 피해를 받으셨습니까?

차남표   그거는 보다시피 우리가 아까 전에도 이야기했지만 [동거차도가] 산으로 둘러싸였고 바다에서 양식 미역을 저희들은 지금 하고 있습니다. 근데 그 미역에 기름이 묻어버리면은 그거를 누가 먹겠습니까? 먹지도 않고 또 그거를 채취해서도 안 되고. 저희들이 기름 묻은 걸 채취해서 누구한테 그걸 팔아가지고 그 사람이 먹는 음식에 기름이 묻어야 되겠습니까? 그러니 이런 피해가 중요한 것이고, 또 우리 마을에 그 양식업뿐이 아닙니다잉. 우리 선생님들[이] 알랑가는 모르겠습니다만, 우리 자연산이 나옵니다, 톳이라는 게 있습니다. 톳이 있고 또 자연산 미역이 있고 세모가사리 이런 종류가 있어요. 지금은 제일 위에 있는 게 가사리, 세모고 그다음은 톳이고 네 번째는 미역이 좀 수심이 좀 깊은 데에 있습니다. 그러면 이 조류가 많이 내려갈수록, 물이 올랐다가 내려가면은 이게 다 흘러서 내려가면서 [기름이] 묻을 거 아닙니까? 이거는 영원히 씻을 수가 없는 거예요, 막 배어버리고. 이런 피해가 많다라고 봐야죠.

면담자   선생님은 특별히 어장을 가지고 계시지는 않으시지요?

차남표   아까도 이야기했지만 감척 넣어버렸다고. 감척이라는 자체는 정부에다가 '나 어장 그만하겠습니다'고 다 줘버린 거예요.

면담자   그러면 선생님께 직접적으로 돌아오는 피해는요?

차남표   인제 개인에 직접적으로 돌아오는 것은, 아까도 말했지만 마을의 자연산. 저는 자연산이 바위에서 나오는 것만 [채취하는데] 이제 그걸 못 하게 됐으니까 문제는 그것이지요, 저한테는.

면담자   그래서 엊그저께인가 선상 시위도 나갔다고 (차남표 : 응?) 선상 시위 나가는 분들도 있다고 들었는데, 혹시 들으셨습니까?

차남표   그거는 난 잘 모르겠습니다, 저는.

면담자   그래서 마을에서 받은 피해에 대해서 우려를 많이 하시는데, 마을 분들 사이에도 피해를 크게 입은 분들이 있을 수 있고, 또 좀 적게 입으신 분들도 있을 수 있을 것 같은데요. 그런 것들은 저희가 어떻게 바라보면 될까요?

차남표   글쎄 그거는 저도, 내가 사업하고 있는 입장 같다면 이거는 명백하게 내가 이야기도 하고, 자신 있게 내가 뭐 어쩌고저쩌고 이야기를 꺼내는 입장이 되겠지만 나 같은 경우는 거기서 도움을[노동을] 해서 보답을 받기 때므로 저희들은 힘이 없습니다, 그런 이야기 부분에 대해서는. 업주들이 배 가지고 있는 양식하고 사업하시는 분들이 우선권이기 때므로, 그 사람들이 어떤 그 이야기 나온 것을 제가 중간에 사업도 안 하는 사람이 끼어들어서 '느그 이렇게 저렇게 하라'고 지시도 못 할 것이고, 내가 또 해서도 안 되고. 그런 부분은 좀 그러는데요.

면담자   아무래도 사업을 직접 하시는 분들이 (차남표 : 그렇지) 이익이 관련되고 피해가 크시고 하니까요.

차남표   그렇죠. 그런데 일단은 우리 선생님 금방 말씀대로, 여기 바다 자체는 어차피 그 선에가 양식업이 사업으로 있습니다. (탁자 위에 손가락으로 표시하며) 이 상처럼 이 테두리 안에가 있기 때므로 피해가 가면 똑같이 갑니다, 이게. 어느 한 구역은 이 기름이 옆으로 이렇게 밀려오는디, 이리로는 안 가고 이리로만 묻겠습니까? 그거는 없는 걸로 내가 생각을 해요. '다 똑같이 피해는 갔을 것이다' 저는 그렇게 생각을 하는데, 이제 그 업주들 입장에는 또 내 생각과는 틀릴랑가도[다를지도] 모르겠죠? 그것은 제가 말할 뭣은 아니고.

면담자   지금은 보상금을 신청하는 과정에 있지 않습니까?

차남표   그러니까 그거를 내가 이야기할 수가 없고. 그런 부분을 이야기를 듣고 싶으면 어장 하시는 분들하고 대화를 나눠야 돼, 이거는. 그래야 그 사람들이 답이 나오는 거지, 제가 그 사람들 1년 소득이 얼마나 나오는지도 저는 몰라요. 그렇지 않습니까? 뭐 1억을 했는지 2억을 했는지 그거는 나는 모르지. 그러니까 하는 사람 입장은 알 거 아닙니까, 그거는. 그러니까 그거는 답하기가 내가 어렵고.

면담자   곁에서 바라보시기에 느끼는 인상 같은 거는 있으신지요? (차남표 : 예?) 이번 일과 관련해서 마을에서 회의할 때 참여도 하셨을 텐데요. (차남표 : 예) 보시면서 느끼는 인상 같은 거는 있으셨을 텐데요.

차남표　　　그 사업주들한테? 그 회의 자리 속에?

면담자　　　사업주의 입장도 있고, 그리고 거기서 일해주고 일당 받으시는 분들 입장도 있을 거 같고요.

차남표　　　아직 그거는 말이 안 나왔어요.

면담자　　　말이 안 나왔어요? (차남표 : 예) 그럼 일당 받아서 일 하시는 분들은 아직 특별한 얘기는 안 하셨나요?

차남표　　　아니, 그러니까 그 이야기가 지금 현재 나올 수가 없어요. 왜? 지금 그거는 우리 업주들하고 우리 마을 주민들하고 해결할 부분이요. 정부에서 그거는 해주지도 않거든. 그런 인건[비] 부분은, 그 사람들이 예를 들어서 뭐 [보상을] 1억을 받았다, 2억을 받았을 때 저희들 인건이 계산이 나오거든요. 어차피 미역을 이렇게 베었을 때 '몇 개월 만에 뭐 [수당이] 몇백이다, 한 사람당' 그러면 그거를 그 사람들이 알아요. 어차피 이거를 못 하게 되면은 자기네들이 그 보상받은 그 인건을 일을 안 했어도 줘야 돼. 우리들도 지네들 밑에서 그 일을 하겠다고 [하면] 마을 주민 아줌마들이 다 그것이[수당이] 이렇게 지정이 돼 있어요, 사실은. 누구네 외 몇 명, 몇 명이라는. 그러기 때문에 그 사람들이 그 부분은 그분들하고 업주들하고 우리 주민들하고만 하니께, 어디다가 뭐 그거는 언론에다 낼 것도 아니고. 그러기 때문에 그분들이 알아서 할 겁니다, 그 부분에 대해서는.

그리고 이제 마을 읍에 우리 공동체 하는 거는[공동 작업은] 저희들이 이제 손해사정이나 어느 그 업체 이런 데다가 청구했을 때 이제 주민 전체가 회의를 해서 이거 얼마라고, 예를 들어서 10원을 받았다 했을 때 인원수로 나눈다든지 호수로 따져서 평등하게. 그거는 합니다, 그거는.

면담자　　　그리고 이번에 세월호 인양 때도 기름유출이 발생해서 며칠째 방제 작업을 하고 있는데요.

차남표　　　제가 오늘 2일 갔다 왔습니다.

면담자　　　이틀 갔다 오셨어요? (차남표 : 예) 이틀 동안 몇 차례 나가셨습니까?

차남표　　　첫날은 두 번, 오늘은 세 번.

면담자　　　방제 작업은 한 번 나갈 때마다 얼마씩이라도 비용을 받으시나요?

차남표　　　그거는 나 아직 못 들었는데?

면담자　　　그 비용은 누가 주는 건가요?

차남표　　　이거 뭐 어디서? 선주가 주는 것은 아니고 해수부에서 준다거나 무슨 정부에서 물론 주겠죠, 이 돈이?

면담자　　　그럼 얼마를 받는지 모르시고 누가 주는지도 모르시고?

차남표　　　처음에 세월호 사건 났을 때도 우리들이 수색을 많이 했거든, 그때 당시에. 그때 당시에 했는데 그때 정부에서 준다는 돈은 자체는 "하루에 9만 원을 준다"라고 이야기를 했어요. 당시에는 9만 원이라고 했는데 이제 우리 통장에 들어오는 것은 6만 원이 들어왔습니다.

면담자   왜 그렇게 된 거죠?

차남표   그거는 내가 모르겠지. 어찌고로 됐는지는 그거는 내가 몰라.

면담자   그러면 현재 2017년의 이 방제 작업은 얼마를 받으실지 누구로부터 받으시는지조차도 모르고 계시고?

차남표   아직 저는 몰라요. 내가 어디서 들은 적이 없어놔서.

면담자   방제 작업을 나가게 되면 방제 지역을 지정하고 현장 업무를 지휘하는 건 누구인가요?

차남표   이거는 해양경찰하고 지금 그 해안 무슨 공단인데 그거하고 합동으로 이렇게 해서 간 것 같은데. 오늘 그 명찰 보니까 해양경찰하고 해안 무슨 공단[해안관리공단]이던데?

면담자   그럼 선생님은 배를 끌고 방제 지역에 데려다주는 역할을 하시는 건가요?

차남표   아뇨. 그분들하고 같이 이거 천으로 기름 있는 데 이게 막… (면담자 : 흡수하라고?) 흡수하라고 해가지고 그 사람들과 같이하죠. 그게 기름이 많이 묻으면 그놈을 끌어 올려서 이렇게 비닐

봉지에다 담고 또 다른 놈 안 묻은 놈 넣어서 또 하고. 이런 작업을 하죠, 그분들하고 동일하게 같이.

4
동거차도 주민과 유가족 간의 관계에 대한 생각

면담자　　　지난 3년 전에도 기름유출로 인해서 피해가 있었고, 이번에 다시 또 반복해서 피해가 발생했는데요. 이런 피해들을 반복해서 입다 보니까 그런 피해들이 유가족을 바라보는 시선을 좀 변화시킨다는 느낌은 없으셨는지요?

차남표　　　글쎄요. 그 세월호에, 그 어떤 유가족들하고 이런 분들하고 감정이 저희들은 없어요, 솔직히. 누가 그거를 우리 잘못도 아니고 누구 잘못[도 아니고. 나는 그거를 내가 누구한테도 말 못 하겠지만 유가족들한테 우리들이 원망을 해서 뭐 하겠습니까? 유가족들이 뭔 잘못이 있습니까, 그분들도? 잘못이 하나도 없어요, 내가 볼 때는.

면담자　　　직접적으로 잘못한 부분은….

차남표　　　그건 그러니까 정부 쪽에 있다고 봐요, 저는. 그게 그 배를 그렇게, 세월호라는 배를 점검을 1년에 뭐 한 번 정도 검사를 하는가 3년 만에 하는가 그거는 모르겠습니다. 저희 배들은 3년에 한 번씩 검사를 했는데, 그 배들은 뭐 몇 년에 한 번씩 검사를 했는지는 내가 몰라. 그거는 모르는데, 그런 자체를 완벽하게 잘하고 그때그때 그 여객선 보낼 때 감사를 한다든지, 무슨 해경이 가서 뭐 그거를 본다든지, 이렇게 사람들이 가서 '완벽하게 잘됐나' [확인]하고 출항을 시킨다든지 이렇게 됐다면 이런 사고가 있겠습니까? 그러니 그 원망을 내가 누구한테 하겠습니까? 유가족들에게 한다는 건 말이 아니고. 아무리 우리들이 피해를 봤다 해가지고 유가족들한테 그거를 이야기하면은 그거는 사람이 아니라, 내가 볼 때는.

면담자　　어떻게 보면 세월호 일로 인해서 정부로부터 피해를 받으신 분이 유가족분들도 계시고….

차남표　　저희들도 마찬가지예요. 우리 진도군 전체가 다 그랬죠, 그때 당시는.

면담자　　그러면 이번 기름유출 같은 경우에는 동거차도의 피해에 대해서 유가족분들과 같이 힘을 합쳐서 이의 제기를 할 수도 있지 않을까요?

차남표　　글쎄요. 그거 우리들 보상하고 그분들하고는 또 아닐 것 같더라고.

면담자　　왜 그렇다고 보십니까?

차남표　　내가 볼 때는, 내 생각인데 아닐 것 같아. 그분들이 저희들한테 이렇게 적극적으로 하시는 분이 하나도 없었어, 그 보상의 문제에 대해서. 내가 볼 때는 인제 그 업주들은 또 어떻게 생각을 가졌는가 모르겠는데, 내 생각은 입장은 그렇다는 이야기야. 내가 보는 관점에는.

면담자　　　근데 안산시에 마을 분들이 초청도 되고 호의적인 교류가 있었다는 얘기도 들었습니다.

차남표　　　그건 안산시장이 어쨌든, 우리 동거차만 간 게 아니라 여기 조도 관내 몇 군데서 갔습니다. 초청을 해가지고 갔기 때문에, 그거는 시장님이 그거는 저희들 뭐 마음을 좀 달래기 위해서 그랬는지 그거는 내 모르겠어. 일단은 가서 이제 뭐 구경도 좀 잘하고 좋은 식당에 가서 밥도 먹고 자기도 하고 선물도 좀 받아 오고. 그렇게 하고 한 것은 시장 나름대로 그거를 했겠죠, 내가 볼 때는. 근데 뭐 그 유가족들하고는 아닌 것 같은데, 그거하고는. 유가족들이 그때 우리들이 갔다 해가지고 막 와서 우리 이렇게 뭐 그거[맞이] 한 것도 몇몇이만 오셨어요. 그 학교에 우리 갈 때 버스가 그거 학교 들어갔을 때 환영을 좀 하시더라고. 그거 외에는 내가 볼 때는 없는 거 같은데. 업주들하고는 어떻게 됐는지 모르겠습니다, 그 부분에 대해서는 제가 볼 때는.

면담자　　　그러면 아버님 이외에 동거차 주민분들 중에서 유가족분과 관계를 잘 맺고 계시는 분들은 어떤 분들이 계실까요?

차남표　　　제일 가깝게 하는 부부는 아까 전에도 말했지만 우리 누나네 이옥영이하고 가깝게 할 수밖에 없어요. 왜? 우리가 이 동거차에서 지성이를 이렇게 인양이 안 됐다면[수습을 못 했다면], 그냥 유가족들이 어디에서 숙소에서 잔다든지 저쪽에 천막을 해놓는다든지 이렇게 주민들하고는 가깝게 안 됐을 겁니다, 아마 내가 볼 때는. 근데 마침 우리가 또 지성이를 이렇게 인양을 하게 되었고, 수습을 하게 되었고 하다 보니까 [유가족들이] 이옥영이 집을 찾아가는 거예요. 그러다 보니까 "이 사람이 동거차에서 우리 지성이를 인양했다" 해 가지고 이쪽저쪽으로 유가족들이 오면은 이옥영 씨한테 가는 거예요. 내가 볼 때는 그렇게 해서 옥영이만 친분이 제일 가찹지[가깝지]. 〈비공개〉

면담자　　　이옥영 씨 댁 말고 다른 주민들은 여기 동거차도에서 계속 인양 작업을 감시하시는 유가족분들에 대해서 어떻게 생각하시는지요?

차남표　　　아, 그런 거 없어요. 그냥 오시면 그분들이 인사하면 인사받고 "오셨냐?" 하고 "고생한다"고 그거 외에는 없는 걸로 내가 알아요. 세월호 이거 건지기 전에도 계속 있지 않았습니까, 저 유가족들이. 그러면은 이제 옥영이하고는 좋아하고 잘해요, 이분들이. 근데 뭐 마을에 이렇게 일주일에 한 번씩 [감시 인원을] 바꿔주더만요, 저분들이. 그러면은 어떤 사람들은 온지 간지도 몰라요. 혹시 이런 마을을 돌아댕기다 부딪치면은 서로 인사하고 지나가는 거지. 그 사람 이름도 모르지, 내가 뭘 같이 어디서 뭐 차 한잔을 하겠습니까? 그렇게 지나가는 거지요. 내가 볼 때는 다 그렇게 생각을 하는데 그거를.

세월호 참사 이후의 변화 및 심리치료 과정

면담자　　2014년 4월 16일이 세월호가 침몰한 날인데요. 그날 기억나시는 것 좀 있으세요?

차남표　　나지요. 저희들은 그날 이렇게 뭐 미역도 안 베고 그때는 집에서 그냥 있는데, 이장님이 방송을 해서 "세월호가 여기서 지금 침몰하는 과정이 돼 있으니까 빨리 선박을 가진 분들은 빨리 바다에 가라. 구조를 하라"고 해서 막 난리가 났지요. 앰프가 막 사이렌 불고 동네에서. 그래서 가게 됐지요. 가서 보니까 이미 배는 거의 기울고 있는 상태였어요, 저희들이 갈 때는.

면담자　　도착한 시간은 기억하시나요?

차남표　　여기서 한 10분도 안 걸리지요. 한 5분, 6분? 속도들이 좋으니까, 지금 배 속도들이. 그래 가서 보니까 저희들은 세월호 가깝게 접근을 못 했습니다. 왜 접근을 못 했나? 헬기 떴지, 해경들 배 와서 있지, 저희들은 그 부근으로 못 가게 해요. 여기는 세월호가 있고 우리는 이렇게 한참 이쪽에 [떨어져] 있는 거고. 그 헬기는 거기서 몇 대 뜨고 뭐 해경들 딱 쌓여 있지.

면담자　　해경이 못 가게 막았다는 말씀이신가요?

차남표　　아니 그러니까, 인제 해경들이 그랬죠. 접근을 하다 보면은 혹시 이 배가 들어가면서 우리 소형[선박]들이 쏠려 들어갈까 봐. 그 압축에 쏠려 들어갈 수도 있거든요. 그런데 이 배들은[대형 선박은] 너무 길다 보니까 미리 이렇게 들어가서 밑이[해저면에] 닿아버리니까 수압이 없는 거예요. 어느 정도 배가 이 깊이하고 안 닿아버렸다면 이게 들어가는 수압이 엄청 셉니다. 그러면은 빨려 들어가요, 사실은. 그런데 이 배는 이미 그 메타[미터] 수보다 높지 않습니까? [세월호는] 140미터고 우리는[수심은] 44미터 깊이밖에 [안 될 것] 아니요. 그러니까 안 밀려 들어가도 그 사람들은 안전을 위해서 이렇게 감시하니까 저희들은 가서 못 하지요. 그리고 사람이 뛰어내리면 이제 뭐 이렇게 구명[조끼]도 있고. 그때가 물 조류가 굉장히 세는 날짜예요. 그러니까 뛰어내리면은 구명도 있기 때므로 이렇게 흘러 내려오면 주스고[줍고], 아이를. 그때 우리 동거차는 생존해 계신 아이들 하나도 우리 마을에는 안 왔어요. 왜 안 왔냐? 서거차에 해경초소가 있습니다. 그러니께 전부 서거차로 아이들을, 그 생존해 있는 아이들은 서거차로 갔습니다.

면담자　　　동거차도에는 안 오고요?

차남표　　　동거차는 한 명도 안 왔죠. 왜 그랬냐? 국가수역 해경 소속이 그쪽에 있기 때므로. 또 나머지 행정관할이라고 경비대에 싣고 팽목으로 가는 애기들은 또 가고 그렇게 됐습니다. 처음에 사고 나는 과정은 거기까지.

면담자　　　그러면 그날은 근처에서 계시다가 곧 돌아오신 건가요?

차남표　　　아니요. 이제 거[기] 가 있다가, 이 배가 처음에는 이렇게 기울으고 있었는데 [물속으로] 들어가서 요렇게 꽁무니만 요만큼만 보였어요. 거기 있으면 뭐 하겠습니까. 아무 필요 없지, 이미 가라앉아 버린 거.

면담자   그러다가 다시 섬으로 돌아오셨겠네요.

차남표   그렇죠. 저희들은 인제 뭐 철수할 수밖에 없지요, 밤이 되니까. 밤이 되니까 철수할 수밖에 없지.

면담자   세월호 침몰이 이전에 이 마을에서 이만한 큰 사건이 없었잖습니까?

차남표   그런 사건은 없고.

면담자   그래서 동거차도 분들이나 선생님 주위에 마을 분들께 어떤 마음의 변화나 이런 것은 없으셨는지요?

차남표   그래 인제 마을에 무슨 이렇게 불미스러운 특별한 뭣은 없고. 아까 전에 내가 그걸 옥영이하고 저하고 상당히 인양으로 인해서 몸이 좀 안 좋아져 가지고, 그거를 좀. 근데 우리 젊은 우리 조카는 빨리 회복이 되더만, 그게. 인제 뭐 그 하다가 심리치료를 좀 많이 했어요. 그런데 나는 나이가 지금 66세입니다. 근데 그때만 해도 64살, 63살이나? 그런데 그러다 보니까 그게 적응이 그렇게 빨리 안 되더라고요. 변화라면은 나가 이제 좀 그런 점이 있었지, 특별하게 이 동네 마을에 어떤 큰 무엇은 없었어요, 내가 볼 때는.

면담자   문지성 학생을 수습하는 과정에서 아버님께서 받으신

충격이 특별히 컸다고 말씀해 주셨구요. 그로 인해서 이런 얘기를 반복적으로 하는 것이 아버님 건강에 해로울 수 있기 때문에 제가 여쭙지 않기로 사전에 얘기를 나눴었던 건데, 말씀해 주셨으니까 죄송하지만 몇 가지만 여쭙겠습니다. 그 이후에 심리치료는 어디서 받게 되셨습니까?

차남표 　　맨 처음에 진도보건소 거기서 하고 그다음에 나주병원에서 하고 그다음에 해남병원. 그리고 나서 안 되니까 내가 이제 개인병원. 목포 역전 바로 파출소 건너편에 보면은 신경정신과가 있습니다, 그 개인병원에서 내가 치료 좀 하고.

면담자 　　거기서는 심리치료를 어떠한 형식으로 하던가요?

차남표 　　처음에 면담식으로 하시더만요. "뭐 어떠냐?" 이런 거 묻고 그렇게 하고.

면담자 　　계속 병원들을 바꾸셨는데 바꾸신 이유가 있나요?

차남표 　　인제 요쪽에 진도보건소에서 심리치료 해서도 별로 효과가 없고, 약을 좀 줘도. 그러니까 나주에서 또 이렇게 오셨어요, 내 심리치료를 할라고 의사분들하고 간호사님들 하고.

면담자 　　선생님께서 먼저 요청하신 겁니까, 아니면 찾아오신 겁니까?

차남표 　　아니요. 그랬더니 그분들이 "이런 분들이 있다"고. 이 마을이 다 놀랬어, 인자잉.

면담자   제가 아까 말씀드렸던 마을의 변화를 좀 말씀해 주십시오.

차남표   아까 그 말이었나? (면담자 : 예) 그러면 전부 그게 마을 사람들이 이런 사건이 없다가 갑자기 일어나니까 깜짝 놀란 거지, 다 놀랐지. 그렇게 나이 드신 분들은 막 이렇게 덜덜 떨고 좀 그러니까 아까도 말했지만 심리치료를 하셨고.

면담자   그런 분들이 꽤 됐었습니까?

차남표   아냐, 그냥 좀 약한 사람만 몇몇이 그랬지. 그래 갖고 이 심리치료 하러 오다 보니까, 나 같은 사람 있다 보니까 이옥영이하고 인제 집중적으로 찾아오는 거죠. 그때부터 의사들도 오시고 막 그랬습니다. 예.

면담자   그래서 약 처방을 어떻게 받으셨는지 그 치료 과정을 좀 말씀해 주십시오.

차남표   그 약이 지금도 남아 있어요. 처음에 잠을 못 자니까 안정제 같은 것을, 처음에는 마음에 심리적인 약을 좀 이렇게 하루에 세 차례씩 먹었거든요. 하다 보니까 잠을 못 자는 거예요. 눈만 감으면 그냥 그 아이의 그냥 그것이 보이고.

면담자   수습하던 장면이 떠오른다는 말씀이신 거죠?

차남표   예. 그리고 막 그 또 그러지 않는 또 뭐랄까 그거? 이런 내가 상상하지 못한 막 이런⋯ 그런 거. 막 그러니까 잠을 못 자고 하니까 내가 수면제를 좀 달라 했지요, 맨 처음에는.

면담자   생각하지 못한 그런 거라면 무슨?

차남표   아, 막 이렇게 뭐 시알 때[쓸잘데]없는 막 그런 것이 나타나고, 내 눈에.

면담자   아, 그러니까 상상하기에 흉측한.

차남표   예, 생각지도 못한 그런 거. 그래 가지고는 이제 도저히 안 되겠어서 말씀을 드렸죠. 나는 잠을 자고 싶… 잠을 며칠을 못 자는 거예요, 며칠을. 아, 그래도 잠도 안 와. 어디 뭐 다른 불편한 것도 없어, 희한하더만.

면담자   아이를 수습하시고 나서 며칠쯤 못 주무셨습니까?

차남표   아유, 그거는 뭐 말할 것 없는데. 잠을 5분도 못 자고 발딱 일어나는 거여. 그러면 막 돌아다니고 그리고 이거 뭐 안정이 안 되는 거야. 뭐 먹기도 싫고 그냥 배가 항시 부르대, 그때는. 그래서 좀 해서 "도저히 난 이 약 갖고는 내가 치료할 수 없다. 그래서 다른 그 수면제를 좀 줘라" 하니까 처음에는 반 알 줬어. 반 알 주다가 반 알로도 안 돼. 한 알 갖고는 안 돼야. 그래 갖고 두 알 주라니까 그 사람들이 의사들이 두 알 주겠습니까? 잘 안 줄라 해요. 그러면은 하루 내가 참아. 하루 참고, 하루에 하나 먹을 놈을 그냥 하루 참았다가 그 뒷날 두 알 먹으면은 1시간이라도 잤습니다, 그 약 힘으로.

면담자   두 알 드셔야 1시간을 주무시는 거예요?

차남표   예. 그러면은 또 이걸 어디서 구입을 못 해. 약국에서
안 주더만. 나 혼자 가서 이렇게 그냥 살라니까.

면담자   처방전이 필요해서요?

차남표   처방전이 필요하니까 안 줘. 주지도 않고, 많이 주지
도 않고. 그래 갖고 엄청 지금 약이 많이 있어요. 엊그제도 내가
인터뷰하면서 그분들이 꼭 약을 봐야 한다니까 내가 다 보여드렸는
데, 지금은 한 달에 두세 번 지금도 먹습니다, 가끔 그게 오면은. 오
면은 먹는데 옛날로 비하면 많이 좋아졌죠.

면담자   잠을 잘 못 이루시는 증상 이외의 증상은 어떤 게 있
을까요?

차남표   아니, 이제 그 악몽 같은 꿈. 거의 악몽이에요. 내가
생각지 못한 악몽 막 이런 거. 이상한 것을 다 봤다니까, 내가 생각
지도 않은 거.

면담자   그걸 하나 말씀을 해주실 수는 없는 걸까요?

차남표   아, 그거 뭐랄까? 내가 뭐 사회에서 볼 수도 없는 것
이고 생각도 못 하는 거 막 이런 물체랄까? 괴물 같은 거? 막 이런
거(한숨).

면담자   그런 것들이 아버님에게….

차남표   접근을 하고 막 이렇게 대화도 나누고. 우리 애기 엄
마보고 뭐 있으면은 내 녹음을 하라고 했다니까요. 앉아서 이렇게

전화해요, 누구하고. 그런 악몽. 그런 사람들하고 내가…. 그게 인제 뭐 진실인가 그거는 나는 모르겠어. 그때 당시에는 그렇게 엄청 심했어, 한 1년 정도는.

면담자　　병원은 계속 다니십니까?

차남표　　저 이야기하면 바로바로 다, 지금 연락하면 바로 다 거 해요. 엊그저께도 전화 왔더만요. 가끔 이분들이 와, 전화를 나 "어쩌냐어떻냐?"고 몸 상태를 물어봐요. 정신과 들어가라 해도 내가 후손에 영향을 미칠까 봐. 내가 살다가 죽으면 얼마나 살다 죽는다고 우리 후손들까지, '할아버지가 정신병원까지 갔다가, 좋은 일 해놓고 정신질환까지 앓다가 죽었다'라고 그거 기록을 안 남기기 위해서 가라 해도 안 갔어요, 내가 지금까지.

면담자　　그러셨구나. 신경정신병동에 들어갈 것을 권유했던 병원은 어느 병원이었나요?

차남표　　아까 전에 이야기했잖아요. 김훈 신경정신과라고.

면담자　　아, 개인병원이요. 개인병원에서 그걸 제안했군요?

차남표　　그리고 나머지 해남 의사 선생님 명함이 저희 집에 있을 텐데. 그분들하고도 내 여그 오셔서 면담하고. 그분이 사실은 인제 "정신[병원] 거 좀 들어가서 해야 될 것 같다"고, 도저히 인제 이런 약으로 해도 안 되니까. 그 후로 내가 안 가고 개인병원을 내 돈 들여가면서. 나머지 병원은 무료로 치료했어요. 그리고 내가 개인병원 찾아댕기서 들어간 돈을 진도군에서 연락이 왔드만요. "의료보험공단에다가 청구하라" 해서 그 돈은 내가 그 들어간 돈만큼 받았어요, 내 치료비를.

면담자   그러면 개인병원에 들어갔던 돈은 진도군에서 의료보험공단에 청구해서 받으셨고. (차남표 : 예) 그럼 진도보건소, 나주병원, 해남병원에서 들어갔던 돈은요?

차남표   전부 무료였습니다.

면담자   무료로 전부 받으셨습니까? (차남표 : 예) 그러면 국가에서 지원을 한 것이네요?

차남표   그렇죠. 그거는 그렇게 했는데. 나뿐이 아닌 저 우리 잠수하신 분들도 나처럼 하나도 혜택도 못 받고, 좋은 일 해가지고. 그분들이 뭐 이런 일이 아니라면은 잠수해서 그런 심리적인 치료를 하고 나처럼 이런 정신적인 고통을 받을 수 없지 않습니까. 좋은 일 해놓고도 그분들도 정부에서 지원받지도 못하고 있지 않습니까? 저와 마찬가지로. 저도 마찬가지지만. 그래서 이런 것은 자꾸 이야기해서 그런 분들도 앞으로 이 진상이 밝혀져서 혜택을 좀 주었으면 쓸 것 같아. 나 아닌, 나도 해준다면 좋지만 나보다도 그분들은 얼마나 고통이 싫었고 또 하겠습니까. 그러니까 그런 분들도 정부에서 좀 지원도 해주고 이런 사람 심리치료도 좀 해주고 이래야 그거 아입니까, 내가 볼 때는? 저희들이 왜 좋은 일 해놓고 이렇게 당해야 합니까?

면담자   국가에서 의료비 지원을 해줬다고 지금 말씀해 주셨는데 그 지원 시점은 언제였나요?

차남표   아, 이거는 아니지. 이것 갖고 뭐 내가 지금까지 치료를 할라고 계속했다면 드러누웠어 버려야지, 솔직히 말하면. 그렇지만 나는 그건 아니라는 이야기죠. 정부 지원 이런 것 가지고 굳이 내가 뭐 별것도 아닌 것 같고, 정부 지원 이게 '자기네들은 해줬다'고 크게 생각할 것 아닙니까.

면담자   그런데 선생님은 그렇게 생각하시지 않는 거죠? (차남표 : 그러죠) 이런 국가에서 해준 지원이 별로 도움이 안 된다?

차남표   안 되지요, 저한테는 이런 약 갖고는. 내가 필요한 것만큼 준다든지, 나의 어떤 그 치료가 되어야 하는데 안 되니까 내가 개인병원 간 거 아닙니까.

면담자   원래 2012년쯤에 배를 감척하신 이후에는 이옥영 씨와 함께 바다 일을 하면서 사셨는데, 문지성 학생을 수습한 이후에 이런 고통을 겪으시면서는 어떤 경제적 변화가 있었습니까? 고통받으시면서도 계속 경제활동을 하셨나요?

차남표   그라고 나서 1년 있다가 내가 허리가 좀 안 좋아서 목포 가서 내가 그 허리 주사를 맞으러 갔다가 의료사고가 있었습니다. 의료사고가 있어 가지고 네댓 번을 내가 수술을 했어요, 허리. 의료사고가 있어서. 나는 또 2015년도 만 1년을 내가 꼬박 목포에서 병원생활을 했습니다.

면담자   1년 내내 병원에 계셨군요.

차남표   예. 의료사고로 해서 그러고 있다가 16년도에 여기 와서 좀 몇 개월 있다가, 목포 나갔다가 다시 들어오는 그 와중에서 또 이런 일이 생기네요. 나한테는 그런 치명적인 것이 너무 많아요. 2014년, 15년 막 거쳐서 세월호하고 상관없이 나한테 의료사고가. (면담자 : 개인적으로도) 예. 이제 그 주사 맞으러 가서 의료사고가 있어 가지고 상당히 내가 지금 한 1년을 고통을 받고 있는 과정이에요 (한숨).

〈비공개〉

6
희생자 수습 당시 경험에 대하여

면담자   세월호 참사 이후에 유가족분들이 진상 규명을 위한 많은 투쟁 활동을 이어오고 계십니다. 이런 것들과 관련해서 언론에서는 유가족들에 대한 입장들이 조금씩 다르기도 했었습니다. 그런 상황들에 대해서 동거차도 주민으로서 어떻게 느끼셨습니까?

차남표   아, 저는 인제 그렇습니다. 뭐 그거를 저희들이 거기서 참여한 것도 아니고 본다면은 물론 뭐 TV나 신문이나 이런 거 외에는 뭘 우리가 듣겠습니까? 그거 그런다 해갖고 그분들이 그러하는 것을 제가 뭘….

면담자   그냥 개인적으로 느끼셨던 바를 말씀해 주시면 됩니다.

차남표   어쩌고 보면은 유가족 측에서는 그게 옳은 이야기고. 또 정부 측에서 보면은 정부도 죄가 없지 않습니까? 뭐 설마 그 아이들 죽으라고 꼭 그거 그렇게 했겠습니까? 그니까 반반이라고 보는데 그러나 내가 볼 때는 유가족들한테 나는 손을 더 들고 싶어요, 어쩌고 보면 안타까우니까.

〈비공개〉

면담자   예. 생각보다 면담이 좀 길어졌는데요. 그럼에도 불구하고 성실하게 면담에 임해주셔서 감사드립니다.

차남표   나는 인자 아까 [면담] 전에 지성이에 대해서 인양하는 과정을 내가 이야기를 안 한다고 했잖아요. (면담자 : 예) 그 인양에 대해서 잠깐만 내가 좀 해드릴게, 안 할라 했는데.

면담자   예, 감사합니다.

차남표   저희들이 방제 작업을 하고 있는 과정이었거든요. 근데 앙카[앵커, 닻] 박는 게 처음에 해경에서 넣어논 앙카가 너무 작은 것을 놔서, 물은 조류가 세니까 이게 버티지를 못하고 다 밀려버린 거예요, 그 위치에 못 있고. 그러다 보니까 그게 철수를 하게 됐거든요. 철수를 하고 앙카를 더 큰 걸 박을 테니까 작은 것은 다 끊어놓은 거예요. 그리고 큰 걸 놓을 테니까 작은 거 끊은 것을 저 해경대에서 그날 그 서거차에서 점심을 먹고 우리들한테 그 "앙카를 캐라"고 지시를 준 거예요.

면담자   잘라놓은 앵커를?

| 차남표 | 잘라놓은 거를. 큰 놈하고 연결은 그놈하고 해야 되고. |

| 면담자 | 앙카라면 유실 방지망을 말씀하시는 건가요? |

| 차남표 | 아니. 여기 저 여객선 댄 데 보면 쇠로 만들어진 앙카 있지요. 그거를 말하는 겁니다. 그것이 굉장히 큰 것을 놔야 하는데 너무 적은 것을 하니까, 물은 조류는 세니까 이게 갖다 밀려버린 거예요. 그러니까 이거를 잘라버리고 큰 거를 논다 해가지고 "그놈을 캐라"고 그러더라고. 그래서 이제 그거를 캐러 갔는데 두 개까지는 안전하게 캤습니다잉. 캐고 세 개째 캐는 과정이었어. 그러면 선생님들이 알랑가 몰라, 배 옆에 중간에 보면은 로라가 이렇게 줄 감은, 기계적으로 이렇게 돌아가는 것이 있습니다. 그것보고 우리가 로라[롤레]라고 그러는데 그거를 앞에 선수에다가 줄을 걸고 중간에서 내가 이거를 감는 거예요, 줄을. 그리고 우리 조카는 선수에 서 있고. 또 하나 소개해서 델꼬 온 사람 하나가 있었어요. |

| 면담자 | 그때 같이 갔던 분은 누구시죠? |

| 차남표 | 그 이름은 내가 옥영이한테 물어봐야 돼. 그 선원 한 분이 있었어요, 소개해서 데려오는. |

| 면담자 | 누가 소개해서 데려온 건가요? |

| 차남표 | 이옥영 씨가 데려왔지. |

| 면담자 | 그럼 이렇게 세 분이서 작업을 하신 거예요? |

| 차남표 | 예. 나는 중간에 저거를 감고 그 애들 둘이는 선수에 |

섰었어, 세 개째 캘 때에. 그래 가지고 많이 감아 올렸어요. 올렸는데 우리 양식[장] 줄이 앙카 하나가 이렇게 걸렸더라고. "삼촌, 이게 안 올라오니까 칼로 끊어버리자"고 그러더라고 이옥영 씨가. 그래서 "그래?" 그러면서 내가 이제 그 로라를 정지하게 돼 있거든요. 우리 차 브레끼[브레이크] 하면은[하듯이] 딱 정지하게끔 해놓고 내가 앞에를 한번 가서 봤어요. 그랬더니 이렇게 이제 그 양식 미역 배 줄에가 까시[가시]가 두 개거든요 이렇게. 근데 하나가 딱 걸렸더라고. 그래서 [내가] "다시 한번 내가 돌려서 안 올라오면 그땐 이제 끊어라", 이옥영 씨는 뭐 "필요 없다"고. 우리 조카는 "끊는다"고 뭐 그러기 전에 끊는다 했어. 그런데 내가 "끊으지 말라" 했단 말이야. 그래 가지고 그렇게 될라고 그랬나 봐. 그래 가지고는 그게 인제 안 끊으고 해서 앞에 보니까 하나 걸렸으니까 다시 한번 시도를 해서 이거를 감으니까 인제 벗겨졌단 말이여. 올라왔어잉. 올라와서 보니, 배까지는 [아직] 앙카가 못 올라왔지요, 이제 선수에서 밑에만 걸려갖고 있는데. 그때 저 낙하산 잘 아실 겁니다, 조명탄 쏘는 그 천이 어마어마해요. 이 방 둘레가 아니라 엄청 커요, 그게 하얀 게. 그게 수천 개 쐈을 거야, 아마 그때 당시에. 그런데 그게 이제 앙카에 감어진 거야.

하얀 그 저 조명탄 천이 걸려 있는데, 우리 조카보고 아까 전에 우리 선원 한 분이 내려다보더니 "사람이 거기에 이렇게 감겨 있다"는 거예요. 그래 가지고 인제 그러면은 기계를 내가 우리 조카보고 "빨리 끄라"고 그랬어. 충창거리면[쿵쿵거리면] 떨어져 부러. 사람이 잘못, 탄탄히 감아 있으면은 되는데 안 감아져 있었으면은 떨어진단 말이요. 그래서 인제 "정지를 해라" 하고는 해경대에 그때 그 방제하는 사람들을 좀 오라 했어요.

그랬더니, 해경이 그러니까 욕을 먹는 거여. 오라 했더니 이 애들이 우리 배로 올랐죠. 그래서 이 사람이 이러고[가만히] 있으니까, 우리가 "전화로 어디로 연락을 해도 이게 안 된다"[는 거예요]. 이게 전화가 그래서 지금 거가 기지국이 생긴 거예요, 지금 저기 SK가. LG는 저쪽에 있습니다만은. [전화가] 안 되니까 그 애들이 오라 해서, 인제 그 군인들은 다 이제 무전기가 있습니다잉, 우리 군인들은. 그래서 소속이 다 똑같지 않습니까, 해경은. 우리나라 전체가 해경은 다 소속이 똑같지, 뭐 목포 소속은 틀리고 제주는 틀립니까? 그래서 그 애들 보고 내[가] 욕도 많이 했어요, 그때 당시에.

이런 일 있을 때 이거 빨리 처리하라니까 이 애들이 뭐라 하는지 알아요? "자기네들은 방제에 관할구역 담당이지, 수습 [담당이] 아니다" 이 이야기여. "야이, 개새끼야!" 내가 바로 그때 욕을 했어요. "야이, 씨 느그 뭐 하는 짓거리냐? 느그 소속이니까, 우리가 전화해도 안 되니까 느그가 이 무전기로 그쪽으로 연락만 해주라. 이거 와서 수습하라고" [했는데] 안 하는 거예요, 이 새끼들이. 그래 갖고 그때 당시에 특전사 뽀다[보트]들이 많았습니다, 우리 군인들이 여기 동거차에. 그래서 "특전사 뽀다로 오라"고 해서 우리가 이제 앙카를 끊어주니까 그 아이들이 애기를 받아갖고 싣고는 또 해경대로 가는 거야. 즈그 소장이 "오라"는 거야, 이 애를.

그래 갖고 싣고 가서 우리보고 오라니까 가서 좀 어떤 상황 이야기 좀 하고 이제 했죠. 그랬더니 가서 보니까 애기가 어쩌고 됐냐면, 이 옷 입은 상태는 그대로였어요. 다 입고 구명대도 입고. 입었는데 머리 하나도 없지, 살이 하나도 없어. 해골은 그대로 있고 인제 떨어지지는 않고. 이러니까 얼굴이 누군 줄도 모르고 어떻게 생긴 줄도 모르지. 그런 것이 악몽에 인제 나한테는 남는 거지. 그랬더니 2시간, 3시간 정도 되니까 누구라고 이름이 바로 나오라고. 그래서 문지성이라는 것을. 내 이기 사진이 지금도 [휴대전화에] 담고는 있는데 내 없애버리고 싶은데 가끔 내가 이 얼굴을 봐요. 애 이 얼굴이 사진도 내가 그거 해가지고….

면담자   트라우마 때문에 지속적으로 고통을 받으셨으니까요.

차남표   아니. 이 아이가 너무 이제 내가 그거 해서 올라왔기 때문에, 얼굴은 내가 보지도 못했지만 사진이라도 보고 싶은데 자꾸 주민들은, 우리 애기 엄마도 그래요. "지워버리지. 왜 그러냐?"고. 그래도 아직도 안 지우고 있습니다. 한번 보실랍니까?

면담자   예, 보여주십시오.

차남표   (휴대전화로 사진을 보여주며) 그래서 내가 뭔 이야기를 인터뷰를 하거나 이러면은 맨날 이런 이야기를 하시거든요. 물어보고. 그러니까 내가 [인터뷰를] 좀 잘 안 할라고 그러는 겁니다.

면담자   사전에 요청하신 대로 제가 여쭙지 않았습니다만 선뜻 이야기해 주셔서 더욱 감사드립니다. 어쨌거나 약속한 게 있었기 때문에 저는 여기에 대해서 추가 질문은 하지 않겠습니다.

차남표   아니여, 더 물어볼게 있으면 뭐 지성이에 대한 이야기
만 안 하면 더 해드릴게요.

7
구술증언에 대한 생각과 동거차도 현황

면담자   저희가 기본적으로 준비한 질문은 어느 정도 했는데
요. 그럼 이 질문 하나 더 드리고 싶습니다. 구술증언 기록을 하는
과정에서 이런 질문들 한다고 말씀을 사전에 드렸더니 좀 부담스러
워하셨지 않습니까? 그럼에도 오셔서 면담하시게 된 동기가 무엇인
가요?

차남표   아, 선생님이 어제 저하고 전화하면서 내가 또 안 한
다는 것을 딱 잘라서는 이야기 안 했지 않습니까. 그래서 내가 오늘
찾아뵈서 만나서 내 이야기해 드리겠다고 연락을 했기 때므로 왔습
니다.

면담자   오늘 하신 구술증언 기록은 어떤 목적으로 사용되었
으면 좋겠다고 생각하시나요?

차남표   글쎄, 이 자료가 선생님들이 어떻게 사용할란가는 모
르겠지만 좋은 일에 사용이 됐으면, 그것밖에 없습니다. 바라는 게
뭐가 있겠습니까. 그리고 정부에서 다시 한번 내가 반복된 이야기지
만, 그 잠수사분들이나 심리적으로 고통 느끼는 이런 분들도 치료

좀 해주고 좀 힘든 사람한테는 보상도 좀 해드리고 그랬으면 바람입니다. 다른 게 뭐 있겠습니까.

면담자　　치료를 어떤 방식으로 좀 더 해줬으면 좋겠다는 게 있으신지요?

차남표　　치료 방법을?

면담자　　왜냐면 아까 마음에 약이 잘 안 들었다고 그러셨는데요. 혹시 선생님께서는 더 나은 방법이 뭐라고 생각하시는지요?

차남표　　나은 방법이라면 좋은 시설에서 좋은 약도 좀 주고 치료 좀 해줬으면. 바람은 그거죠, 저한테는. 지금이라도 나는 그런 치료들 해준다 하면 지금이라도 나는 받고 싶어요. 좀 편하게 마음을 갖고 안정될 수 있는 그런 곳에서 치료만 한다면 제가 받고 싶습니다, 솔직히 말로. 다른 뜻 없이.

면담자　　그리고 또 생각나는 질문이 있어서 두서없이 질문을 드리고 싶은데요. 아무래도 친척이시기도 하고 이옥영 선생님이랑은 가장 가깝게 지내시는 게 아닌가 저로서는 생각이 드는데요.

차남표　　그러지요, 내 조카니까. 저도 뭐 부모처럼 이렇게 지내지요. 또 저도 이렇게 가까운 형제간에 그렇게 많이 없고 하기 따므로.

면담자　　형제간들 말고 이 동네에서 친하게 지내시는 분들은 어떤 분이십니까?

차남표   제가요? (면담자 : 예) 나는 전체적으로 동네 사람들 하고 다 좋아라 하죠.

면담자   아, 동네 분들께서 선생님을 다 좋아하신다고요?

차남표   아, 저는 이렇게 유머도 있고 아줌마들하고 농도 많이 하고, 어르신들하고도 나보다 훨씬 나이 드신 분들도 하고 농도 하고. 내가 그렇게 나는 재밌는 사람이요. 얼굴 보기로는 좀 이렇게 인상이 그런다 하더라도, 제가 상당히 뭐 이렇게 웃긴 소리를 잘합니다. 어르신들하고 재미스럽게 내가 친구처럼 이야기할 때도 있어요. 그게 내 뭣은 아닌데 내가 그렇게 가깝게 어르신들이 해줘야 좋아하니까 그렇게 하고. 나는 누구 뭐 마을에서 멀리하고 이런 사람은 없어요. 개인적으로는.

면담자   선생님 집안은 차씨이신데 여쭤보니까 차씨 분들도 몇 집이 있다고 들었어요.

차남표   옛날에는 많이 살았는데 이제 다 돌아가시고 지금 현재 우리 친형하고 나하고, 이제 친형제는 이렇게 살고 있습니다.

면담자   또 조씨 분들도 많더라구요.

차남표   조씨들도 가족이 뭐 그렇게 하나, 둘, 세 분? 세 분 거주하나? 서너 명 정도 거주하는 걸로 아는데. 그보다는 박씨들이 김씨하고가 더 많아. 근데 여기 마을에 숫자가 그렇게 많이 안 살아요. 성바지가 많아요. 소씨도 있고 임씨도 있고 장씨도 있고 여러 가지 성바지 많습니다, 이게 조그마한 섬이어도.

면담자   여기 김씨 분들은 예전에 이장부터 해서 어촌계장도 길게 하셨다는 얘기들을 들었는데요.

차남표   김씨들이 어촌계장을?

면담자   예, 어촌계장도 길게 했다 이런 얘기 들었는데요.

차남표   아, 그 김수배 씨가 많이 했습니다.

면담자   그분과는 혹시 인척 관계가 있는지요?

차남표   저 우리 외가에서 6촌 형님입니다, 거가. 외가 쪽으로, 우리 할머니들 그 뭐 해서 김수배 씨라고 지금 연세가 75세? 그렇게 되신 걸로 알고 있는데. 그분도 사업을 한 몇십 년 했어요. 그래가 지금 나이가 드시니까 다 정리하고 이장님으로만 하고 몇 년 하고 그랬습니다. 어디서 많이 들었네요? 김씨 그분이 어촌계장 많이 했다는 걸?

면담자   그분과도 가까우시죠?

차남표   아, 그분하고 나하고? (면담자 : 예) 아이구, 나는 가깝죠. 외가로도 6촌 형님이고 어른이기 때므로, 또 존경하는 형님이고. 뭐 그거를 형제간을 떠나서 존경할 수 있는 형님이고. 한번 안 만나봤습니까?

면담자   만나 뵙고 말씀 잘 들었습니다.

차남표   아마 점잖하실 거입니다, 말씀도 없고 그러시고. 나는 숨김없어요, 그대로 지금.

면담자   그리고 또 한 가지 더 여쭙겠습니다. 여기서 미역 어장을 갖고 계신 분들이 있고, 또 그분들에게 고용되어서 같이 일하시는 분들도 있지 않습니까?

차남표   어업 하시는 사람 밑에서 임금받는 사람 말하는 거여?

면담자   예, 그러니까 미역 같은 거 널고 하시는….

차남표   아, 아줌마들?

면담자   예. 아주머니들 같은 경우는 여기 동네에서 생활이 그렇게 윤택해 보인다는 느낌을 받지 못했거든요.

차남표   인건[비]이 그렇게 높지는 않습니다, 도시하고 비해서.

면담자   여기 다른 섬들과 비해서도 별로 높지 않다는 인상을 받았었습니다.

차남표   예, 그런 것들이 좀 있어요.

면담자   그게 왜 그런가요?

차남표   그거를, 나도 인제 사업을 한 20년 하다 접었는데, 그게 조절하기가 어렵습니다. 우리가 지금은 어장 하시는 분이 7명밖에 안 돼요, 이 마을이. 근데 옛날에 저희들 할 때는 18명, 17명 정도 했거든요.

면담자   17명, 18명일 때는 언제쯤 됐습니까?

차남표   그때는 한 15년 전? 지금으로 치면 한 2001년 그런 정도? 근데 지금은 일곱 명인가로 알고 있는데. 그때는 우리들 협회가 있었고 단체가 굉장히 좋았습니다. 그때보다 인건이[비가] 지금은 많이 올라갔어요, 그때로 비하면. 근데 여기에서 우리 소득 면이 약하다 보니까 인건을 많이 줄 수가 없어요. 왜 그러냐면 남자 인건을 줘야지, 여자들 인건을 줘야지, 그러다 보면은 저희들 업자들은 이제, 내가 그 사업하는 입장에서는 인건을 도시처럼 맞춰주다 보면은 저한테 남는 게 하나도 없어요. 그러면 식사도 우리 집에서 해결하죠. 점심하고 아침은 두 끼는 일하다가 보면은 거기에서 그거 해요, 식사를 하게 돼 있고, 저녁은 집에 와서 먹더라도. 그러다 보니까 이거 하다 보면 이것저것 다 인건 제하고 어쩌고 보면 저희들의 소득에 비하면은 인건을 그분들한테는 충분하게 더 해드려야 하는데 드릴 수 없는 여건이요. 그래서 지금도 그러지 않을까 나는 생각이 들어요.

면담자   근데 그 일당 받는 아주머니들도 여기 주민이시잖아요? (차남표 : 예) 그럼 그분들은 적게 주는 임금 때문에 불만을 이야기하시진 않나요?

차남표   그게 인제 많지요.

면담자   불만이 많아요?

차남표   많아도 그것이 해결이 되지 않아요. 왜 안 되냐? 아까 전에 금방 말한 대로 그거 때므로, 개인이 사업하면서 하기 때문에 하는데, 인제 이런 게 있어. 예를 들어서 '5만 원가량을 하루에 인건을 줬다, 한 사람당' 했는데, 그게 인제 내가 그다음 해에 그분을 다시 내 일꾼으로 쓸라고 하면 암암리를 합니다, 우리가 노하우가 있습니다. 그분을 다시 내 일꾼으로 만들라면 남모르게 얼마를 이렇게 드려요. 그거는 있습니다. 다 그렇게 하고 있을 겁니다, 지금. 그거는 공개적으로 이야기 안 해요, 업주들이.

면담자　　　동거차도 내에서만요?

차남표　　　아니요, 다른 마을에도 그러리라고 나는 보는데. 그리고 외지에서 객지에서 우리가 이렇게 그 인도네시아나 베트남이나 아이들 썼을 때는 월급이 정해져 있기 때문에 그 애들한테는 월급에 한해서는 정확하게 그거는 줘야지. 다른 별도가 없어, 그 애들한테는. 그리고 마을 주민들한테는 그 사람을 다시 써야 할라고 내년에 내가 이 사람을 또 같이 일을 해야쓰겠다라고 하면은 5만 원씩 갖다 일당을 계산했다 하더라도 그 사람들한테 아무도 모르게 얼마 이렇게 "우리 한 번 더 협조해 달라" 해서 얼마 드리는 것은 그거는 전부 우리 노하우야. 누구한테 이야기할 수 없어요.

면담자　　　개인사업자의 노하우란 말씀이세요?

차남표　　　예, 그렇죠.

면담자　　　그런 노하우는 동거차도에 있는 업주분들….

차남표　　　아, 업주들도 그렇고 2구도 그리고 서거차도도 그리고 조도 관내는 거의 그러리라고 봐요. 그 사람 한 번 놓치면은 다시 외지 사람을 써야 돼. 객지에서 데려온다는 게 보통 일이 아니에요.

면담자　　어렵습니까?

차남표　　어렵지요. 우리 마을 사람들은 월급을 안 주잖아요, 인건을 일할 때만 주잖아요. 근데 지금은 수협에서 다 이거 [지원을] 해줘. 하는데도 이 [외지] 사람은 일 없을 때는, 이 사람들은 일 있거나 없거나 365일 다 있다 보니까 12달을 다 계산해요. 3년간 우리들이 의무적으로 [임금을] 줘야 돼, 이 아이들은 일하나 안 하나. 그러다 보니까 그런 사람은 안 쓸라 그러죠. 마을 사람은 일하는 하루에 얼마씩 [주고] 안 한 날은 안 주니까.

면담자　　근데 그런 결정은 어촌계에서 하는 게 아니라?

차남표　　개인적으로 다 하죠. 옛날에 많이 할 때는 우리가 협회에서 통과를 시켜서 했고.

면담자　　어떤 협회를 말씀이시죠?

차남표　　낭장망협회가 있었어, 그때 당시에.

면담자　　낭장망협회예요? 이게 무슨 뜻인가요?

차남표　　멸치 그 사업하는 허가 명칭입니다, 이것이.

면담자　　멸치 사업이 잘될 때는 업주가 여러 분 계셨고….

차남표　　그렇죠. 그때는 협회가 있었고. 진도, 조도 관내 전체에서 360명 우리가 협회에 단체가 있었고. 또 조도에서 한 것 있고, 우리는 조도면이니까.

면담자　　그리고 그때는 상대적으로 인부들도 급여가 높았다?

차남표   시대가 또 그때는 인건 [부담]이 얕을 수밖에 없어. 그
세대에 맞춰서 하니까. 15000원, 20000원 단위? 그 돈이 그때 당시
에는 또 크다고 봐야죠.

면담자   그럼 그때는 오히려 소득이 더 좋았겠네요.

차남표   그렇죠. 그렇게 봐야죠. 지금의 소득면이 더 줄어졌다
라고 보고. 그리고 여기 동거차는 지금 몇 년간 지금 아주 죽 쑤고만
있으니까. 나중에 더 물어볼 거 있으면 더 해보십시오(웃음).

면담자   그러면 이상으로 차남표 씨의 증언을 마치도록 하겠
습니다. 긴 시간 응해주셔서 정말 감사드립니다.

차남표   감사합니다.

동거차도 주민 최순심 1회차

2017년 3월 25일

1
시작 인사말

면담자　　　　본 구술증언은 4·16 사건에 대한 참여자들의 경험과 기억을 기록으로 남김으로써 이후 진상 규명 및 역사 기술에 기여하고자 합니다. 지금부터 최순심 씨의 증언을 시작하겠습니다. 오늘은 2017년 3월 25일이며, 장소는 동거차도 최순심 씨 자택입니다. 면담자는 이현정이며, 촬영자는 이봉규입니다.

2
가족사와 생계

면담자　　　　어머님은 지금 누구랑 사세요?

최순심　　　　혼자 살지라. 아들네들은 둘 다 서울 가고 딸네들은 다 님[남의] 집 가버렸고.

면담자　　　　아들은 둘 다 서울 가 있고? (최순심 : 예) 딸은 어디로 시집갔어요? 딸이 몇 명이세요?

최순심　　　　딸이 너이[넷].

면담자　　　　딸 너이 다 어디 가서 살아요?

최순심　　　　목포서 둘이 살고 큰딸은 서울서 살고. 그것도 모르겠구만, 밑에 또 막내딸은 그러는데, 막둥이하고 큰아들하고 큰딸하고는 서울서 살어라.

면담자   그렇구나. 그러니까 서울에 너이 살고 둘은 목포 살고 그러네요?

최순심   응. 너이 살고 서울 밑에 하나 살아. 근데 거기 동네는 모르겄어.

면담자   서울 밑에 사는 거는 딸?

최순심   딸인데 막둥이 손우에[손위지]. 아주 막둥이가 시방 몇 살 먹었냐면 마흔일곱.

면담자   막둥이가 마흔일곱. 막둥이가 아들이에요, 딸이에요?

최순심   아들. 그랑께 그 우에 가이나고[딸이고] 지금 막둥이는 마흔일곱이랑께라.

면담자   아, 막내 위에 딸은 서울 밑에 어디 산다고.

최순심   응. 그 동네는 몰라. 목포서 가삽따[가깝다고] 그럽디다.

면담자   그래요. 어머님 그럼 여기서 사실 때는 자녀분들이 용돈을 주세요, 아니면 어머님이 여기서 버세요? (최순심 : 응?) 돈을 어떻게 버시나요?

최순심   여기서 인자 뭐 벌어가꼬 쪼까썩[조금씩] 묵고살았제. 나 혼자니께.

면담자   뭐 하시고?

최순심	이런 멸치 밭에도 댕기고 미역도 하고.
면담자	그건 언제부터 하셨어요?
최순심	그거시라? 여러 해 했지라. 그 첫 번에는 별로 그런 거 안 할 때는 옹삭[가난]했지라. 아주 옛날이야기를 하면 말도 못 하게 옹삭했제. 첫 번에 오니께는[시집오니까] 여기 시어머니 식구가 시아재배들이 손우에다 시누이 둘에다 이제 신랑 알로[아래로] 4형제지 말하자면 6형제, 거기도.
면담자	어머님이 여기 몇 살 때 시집오셨어요?
최순심	19살에.
면담자	19살에. (최순심 : 예) 네, 그래서 멸치랑 미역이랑 하시다가 지금은 안 하실 거 아니에요?
최순심	지금은 허리가 뭣해 가꼬 몇 년 전부터 못 해.
면담자	몇 년 전부터 못 하셨어요? (최순심 : 예) 몇 년쯤 됐어요, 못 하신지?
최순심	못 한제가 한 5년 됐거냐 그렇게 됐겠어.
면담자	그럼 그다음부턴 이제 뭘로 먹고사세요?
최순심	인자 그런 거 쪼까쓱[조금씩] 뭣 해서. 인자 아그들이 쪼까쓱 뭣 해주고 하면 먹고살고.
면담자	아그들이 총 여섯인데 여섯 중에 누가 도와주세요?

최순심   누가라? 다 쪼까쓱. 큰놈이 쪼까 도와주고 쪼까쓱 뭣하고 그라지라. 즈그도 인자 아그들 가르칭께 참말로 옹삭한디 할 수 없제. 우리 메느리들이 좋아라.

면담자   아버님은 돌아가셨어요?

최순심   배에서. 그랑께 4형제인데 하나가 시아재가 목포 가 있는데 뭐 아파쌓코. 그분은 또 아파쌓는 사람인데, 배를 쳤단 말이여. 쪼까난 배를 치갖고 섬디[진도군 조도의 지명]서 그 옛날에 그 기 잽이[고기잡이]하다가, 그 주민등록 한다고 오다가 풍파를 만나서 배가 없어져 부렀어, 그랑께 내가 서른일곱에 배가. 혼자 살았제.

풍파 살았제라[어렵게 살았지], 이제까정. 그랑께 자슥들도 이상 갈치도[가르치지도] 못하고, 막둥이는 포롯이[겨우] 저기 해서 가이낙 들이랑[딸들과] 해서 참말로. 인자 그 [딸들은] 시집가 살옹께. 참 얼쳐서 얼쳐서 어떻게 해서 막둥이는 중학교만 보내서 내고, 진도서. 머이마[아들] 큰놈은 인자 고등학교 댕겼제, 졸업 못 혀부렀어. 옹삭하니께. 누가 벌어주다마. 그것도 아주 포롯이 포롯이 어찌께 해서 그랬지. 그래도 즈그 잡수대로 나가서도 지금 누가 요만한 것도 도와준 것도 없지, 참말로. 내가 참말로 넘한테 자랑 소리도 안 하고 말 안 하지만 그래도 우선은 넘의 집으로 돈 꾸러 안 가믄 묵고살 만하제. 몸이나 살 만하제.

면담자   대단하신 거지. (최순심 : 그라제) 그러면 아버님은 아들 4형제 중에 몇 째셨어요?

최순심   첫아들이요.

면담자   첫아들이었어요? (최순심 : 예) 그러면 그 풍파 만날 때 아버님 혼자 타고 계셨어요, 아니면 다른 형제들도 같이 있었어요?

최순심   우리 집서 3형제. 막둥이하고 막둥이 손우에하고. 둘째 놈이 살아갖고 있어 시방. 빼짝하니 많이 아팠어. 그란디 목포서 안 왔소, 그라께 혼자 있고.

면담자   그러니까 4형제 중에 3형제가 한꺼번에….

최순심   예. 배에서. 쪼깐한 배 타고 가서 오다가.

면담자   그러면 그 형제들도 다 부인들이 있었을 거 아니에요? 동서들?

최순심   막둥이는 군대 갔다 와서 없었어라.

면담자   없었고. 그러면 거기 셋째 동서는 여기 살아요?

최순심   2구로 시집가 살아라. 둘째는 여기 건너 살고. 목포서 안 왔어, 둘째가.

면담자   거기는 새로 시집갔어요?

최순심   예, 시집갔어. 그냥 시집갔지라.

면담자   거기는 애가 많지 않나 봐요?

최순심   거기는 애기들이 셋인데 째근 시아재[작은 시동생]가 그때 살았웅께 띠외워[데려] 가고, 나는 갈 처지가 못 됐어. 어째 그러냐 하면 아그들이 여섯 아니여? 그것을 가지고 어디를 가겄어. 아무리 신랑이 좋다고 미쳤다고 시집을 가겄어. 고생고생 원 없이 하고 참말로. 쩌게서 참말로 저 첫 번에 제금나서[분가해서], 저그 시방 우애가 만당한[충분한] 집인디. 거기서 살다가 아그들 및 해가꼬 이 집으로 어쪄께 해서 사서 살아꼬, 이 집을 인자 어쩌케 물차싸가[물어봐서] 이 집도 사서 살다가, 다시 인자 머이마가[아들이] 어쩌케 해서 뭐 쪼까 돈 싸게 해서 지서 준 것이여.

면담자　　그래요?

최순심　　그 시방 배가 없어진 때가 계산해 봤지마는 [내가] 서른일곱에 그 타고. 우리 집 어른이 큰아들인디 [당시에] 40살 먹었어. 선장으로 갔는데 그렇게 배가 풍파 만나서, 쬐까난께[배가 조그만해서] 그냥 그래서 배가.

면담자　　3살 차이셨구나?

최순심　　3살 차이여라.

면담자　　그럼 그 동서네 애 셋은 누가 봐준 거예요?

최순심　　시방이라?

면담자　　아니, 그때 시집가고….

최순심　　그때 시엄씨[시어머니]하고 시악씨[시누이]하고 있었어. 집도 쓰러져 브랐지만은.

면담자	시어머니, 시아버지가 봐주고?

최순심   응, 봐주고. 거기서 인자 우리는 그때 살아서 했나 보고. 둘이[아이 둘을] 거기다 놓고 시집갔지, 젊응께 인자 그 사람은 더 젊응께 그랬지라. 그래서 2구에 살아, 시방 시집가서. 그랑께 멀리 가면 안 돼, 아그들 땜시 다 가찹게[가깝게] 살라고 그리 시집 갔어.

면담자   그럼 왔다 갔다 해서 그 집 애들도 좀 보고?

최순심   음, 여기다 이제 맽겨놨는데.

면담자   그렇구나. 어머님 지금 허리 수술을 두 번 하셨다고 요? (최순심 : 예) 언제 하셨어요? "5년 전에 한 번 했다"고 하셨고.

최순심   그 뒤에 또 했단 말이여.

면담자   왜 허리 수술을 하시게 된 거예요, 미역 따다가 갑자기?

최순심   아니, 저 하나는 그냥 날 칙칙한데 어디 쪼까 비탈진 데 내려오다가 이케 자빠져 부렸어. 그래 가꼬 허리를, 허리가 뼈가 약하다 아니요? 병원에서 인자 그 저기 저 기독교병원에서 했어.

면담자   기독교병원?

최순심   두 번. 응.

면담자   진도에 있어요?

최순심   아니, 저 목포에.

면담자   두 번 다 거기서 하셨어요?

최순심   예. 이렇게 한 것도 어처케 했냐면 그 뼈가 이렇게 오 그라져 버렸다 합디다. 그런데 거기다가 뭐 쎄멘가루라든가 뭐[석고 붕대] 했당가 하요. 그것을 두 번 했어. 뼈가 그래 가꼬. 아주 거서 뭐 칼 대고 한 것도 아니제라.

면담자   그럼 얼마나 입원하셨어요?

최순심   그때 모르겄어, 오래 했어, 아주 입원을. 아주 심을[힘 을] 못 쓰니게 아주 오래 했어라. 그랑께 뭐 가이낙들이[딸들이] 병원 에서 성가서 가꼬 두 번이나 그래 가꼬, 아주 징한 꼴 봤다고. "일을 어디 가서 뭐 하지 말라"고 징해라, 지들 "성가시게 또 한다"고. 그라 니께 사람이 늙으믄 그냥 그렇게 아파서 죽으면 다행인데, 늙어 가 꼬 안 죽고 자식들 성가시게 하는 것이 보통이여? 시집가서 사는 사 람을 [내가] 병원에다 입원하면 돈도 많이 쓰면은, 그 말하자면 그 데 려다는 하겄소, 그 뭣 한 사람?

면담자   간병인?

최순심   간병인. 간병인을 데라다 놨는데 간병을 못 하고, 이 사람이 쪼까 나왔다 저 사람이 쪼까 나왔다, 그 회사를 못 댕기고 그런 행사를 했어. 그런데 서울은 담석 할 때도, 서울에서도 이 사 람이 와서 하룻적 자고 하고 저 사람이 일하다 하룻적 자고. 아주 간립해서 자식들한테 못 할 일, [자식들이] 벅차겄어 참말로 [내가] 환 자니께. 저그도 부모들 일치[일찍] 잃고 혼자 고생했응께 즈그도 참말로 깜짝 없이 하제. 부모들하고 같이 둘이서 하다가 그랬다 하믄 더 뭣했을 건데, 그래도 큰아들이 혼자 저도[자기도], 내가 이런 말할 수는 없지만은 고생 원 없이 해놔서 [어머니를] 겁나게 생각해 싸라. 막둥인 또 우리 엄마보고 여기서 뭐시라고 누가 하는 사람 있으면 가만 안 있다게, 아주. 그람시로 이렇게 아주 뭣 해싸라. 내가 할 말은, 아그들이 [어머니를] 아주 끔찍하게 생각을 해. 아직은 늙어가꼬 있어도.

면담자   아유, 그래야죠. 어머님이 계속 여섯을 그래 키우셨는데.

최순심   시집을 안 가고 키웠는디 오죽하겠소?

면담자   그러니까요. 어머니 담석도 있으셨어요?

최순심   담석 있어 가꼬 수술하고.

면담자   서울 가서?

최순심   응. 서울 그 뭔 병원이라더라마는. 그 카드도 있어, 그 병원. 그래 가꼬 그 뭔 병원인가 또 아프니께는 뒷께[뒤늦게] 가서 입원을 또 얼마나 했다고. 아주 성가스게 퍽 했어, 아그들 성가시게.

면담자   아이고, 그러시군요. 그래서 지금 드시는 약이 허리 수술 때문에 먹는 약인가요?

최순심   허리도 먹고 다리도 아프고. 그란데 그 약을 함부로 못 먹제, 참나.

면담자   그 약을 어디서 받아 오신 거예요, 목포에서?

최순심   예, 목포서.

면담자   약이 너무 독해서요?

최순심   아니, 함부로 못 먹는당께. 이 뭣이 있으께? 알레르기 있응께, 약도. 먹어봤어 그 뭣을, 알레르기 있응께 여그 보건소 약은 잘 못 먹어. 그거 먹고 가려워서 큰 아주 어치께 아주 안 맞응가 가려워서 걍 나자빠지고 막 그랬어라, 막. 아무도 없응께 막 홀딱 벗고 밤새도록 가려워서 이케 긁는데 미치겠더란 말이여.

면담자   그 보건소에서 받은 약은 가려움증이 계속 있었군요, 가려워 가지고? (최순심 : 예) 근데 목포에서 받은 약은.

최순심   인자 목포서도 보고, 이 약 저 약 먹어보고 그 약이 쪼까 맞응께, 그 약도 많이도 아니여, 세 개여. 허리도 아프고 그 약 안 먹어놓으면 허리도 더 아프고 다리도 더 아픈데. 약을 먹고 안 먹고는 다리 아픈 날은 또 다리가 더 아프고, 허리가 아플 땐 또 허리가 더 아프고 그러드라께라?

3
섬 주민들의 구성과 섬에서의 삶

면담자   여기에 19살에 시집오셨다고 했죠?

최순심   예, 19살에 시집왔어라.

면담자   여기 동거차도에 지금 친척들이 최씨가 좀 많이 살죠?

최순심   최씨가 있어라. 이 아래 여그 거그도 최씨. 여자들은
인자 최씨 시집온 사람들은 여럿 되지라.

면담자   그죠? 시집온 사람들이 여럿인데 그 사람들 중에 친척
은 없죠? 어머님 친척은 아니지요?

최순심   예, 최씨고.

면담자   그러면 아버님은 원래 성씨가 뭐셨어요? (최순심 : 조씨)
조씨?

최순심   웅, 나는 최씨.

면담자   그럼 여기 조씨는 친척들이 좀 많이 사나요?

최순심   그전에는 떰 떠밀고 시방도 그러지마는 저 뭐시기, 제
일 조씨가 이럭저럭 하고 살았지라. 시방 그래 가꼬 여그 뒷집에도
나갔는데 그렇게 부자로 살고, 나가서 죽은 사람도 있고. 아들네들
은 잘살고, 목포 가서. 저 건네[건너편] 저 시방 비는 집도 동네 이럭
저럭 한 사람인데 서울 아들네 집 간다고 가서 여자가 걍 풍파 만나
가꼬 못 오고, 저렇게 못 오고서 비어나고 있고. 조씨가 많이 있어.
조광원 씨가 조씨께 또 이럭저럭 하고 저그 [조]이배 씨도 이장질 하
고 이럭저럭 했는데, 저그 목포서 안 왔제. 조씨가 많았는데 나가가
꼬 죽고 막 뭣이 있어라. 시방은 별로 없어.

면담자   어머님 서거차도에서 여기 시집오실 때 '잘사는 집에

시집간다' 그런 얘기 들으셨어요?

최순심 　　밸로 그렇게 못 살았지라. 그때만 해도, 응.

면담자 　　근데 그 이후에 시집와서 다른 친척들을 보니까 잘살더라 그러신 건가요?

최순심 　　친척들은 괜찮이 살았어도 뭐 우리는 밸로 못 살았제. 식구가 여럿 되고, 옛날엔 친척들도 잘사는 것도 없었제. 시방 세상은 다 돈 벌웅께 잘사요, 어장 하고. 그란데 우리는 첫 번에 그케 배가 뭐 어디 안 했으면[침몰하지 않았으면] 어장질을 했으면 잘살았제, 아들네들이. 그런데 아들네들이 서이[셋이] 다 한 번에 그렇게 없어불고 뭣 해부렀는데, 잘살겠소? 우리가 혼자 고생 아주 원 없이 해가꼬, 참말로 어찌케 어찌케 해서 아그들 참말로 중학교도 내고, 참말로 그랬소. 가이낙[딸]들은 [교육을] 못 했제.

면담자 　　네. 어머님 여기 동거차도에 살면서 좋은 거는 뭐가 좋으신가요?

최순심 　　좋은 뭣이?

면담자 　　어머님 섬에 혼자 계시는 것보다 도시에 딸이나 아들네 집에 계시고 싶지 않으세요?

최순심 　　아유, 옆집에니께 딸네 집 갔건 아들내미 집 가나 아무리 좋게 하고 먹는 것은 잘 먹은데, 그래도 내 집 오면 혼자 있으면 편하제. 그란하요[그렇잖아요]? 딸네 집 가면 이것저것 잘해주고 한데, 그래도 사는 데가 젤 낫제라.

면담자   동거차도에 사는 게 좋은 게 있으면 뭐가 좋으세요? 사람들이 서로서로 좀 잘 도와줘서 좋으세요, 아니면 여기가 좀 먹고사는 게 수월해서 좋으세요?

최순심   아니라우. 이제 내가 편하제.

면담자   늘 살던 곳이라?

최순심   응, 살던 곳이라. 뭐 누가 즈그도 먹기 바쁜데 뭐 도와주고 그런 뭣은 없어. 섬사람들이 그란하요? 누가 어느 섬사람들이 말로는 인자 생각할랑간지라우. 그란데 이자 여그서는 도와준 거는 없어, 없는 것은 없다 하제. 혼자 힘으로 살아나가제. 말로는 생각할랑가지라우, 섬사람들이.

면담자   그러니까 말로는 하지만, 다들 살기 힘드니까 도와주기는 이제….

최순심   그라지라. 즈그도 자슥 가르치고 힘든데 그란하요? 인자 사는 것은 서울도 좋고 목포도 좋은데, 자슥 집 가서 불편하제, 자슥들이. 며느리도 그렇게 좋게 해도 아무리 저 뭣 한다고 시어머니 좋단 사람이 어디가 있다우?

면담자   그럼 여기서 사시는 게 좀 힘들다면 어떤 게 제일 힘드셨어요?

최순심   힘들다 하는 것은 별로 없어라. (면담자 : 그래요?) 아프니께 그것이 성가시제. 힘들다 한 것은 없는데 이 몸이 아프니께 그런 것이, 허리도 아프고 한 것이 성가시지.

면담자　　　그래도 친정 동네랑 서거차도랑 다르게 여기 사람들은 예를 들어서 좀 다툼이 많다든지 그런 건 없었어요?

최순심　　　다툼이라? (면담자 : 예) 뭣 하러 다투겠소? 이 저 내가 좋으면 넘의 산 부락도 좋다고, 내가 즈이보고 말 안 하면 맨 탈 없이 뭔 즈이가 건들겠소, 뭔 싸움하겠소? 다 진 밥 먹고 다 지면 나가 갖고 일하면 같이 일하고. 또 웃음 웃을 때도 많고 그라제라. 형제간도 있고 그래 가지고 동네 사람이 다 좋아라우. 이제 내가 좋으면 남의 산 부락도 좋다고 다 좋게 하요.

면담자　　　네, 알겠습니다.

최순심　　　우리 아그들로 본불로[보면은] 형제간들이 좋게 하제라.

4
세월호 인양과 기름유출에 대한 심정

면담자　　　어머님 지금 세월호 배 인양하잖아요? (최순심 : 예) 그걸 보면 무슨 생각이 드세요?

최순심　　　카, 말할 것이 없제. 그때 울다가 말다가 했소. 우리들도 손주도 많고 자숙들도 있어서 그란데, 그 부모들이 얼마나 속이 아프고 참말로 짠하겠냐고. 이녁[나]도 남편 잃어버릴 적에 참말로 이리 감시로 울고, 저리 감시로 울고 하디끼 젊어서 하디끼[했듯이], 그 자숙들 보낸 부모들 비명이 참말로 속이 그 뭣 하겄소. 아프고 쓰리고 참말로. 누구보고 엉엉 울어본께는 속이 편할랑가. 이녁[나]도 그랍디다, 신체 못 찾은 우리 신랑 낭[나무]대 묻어놓고도 참말로 거기를 몇 번 댕겨서 울음을 우다가, 뒤로는 나 잠바람 내가 신체 없는 데를 새벽이면 댕겼다가, 님 모르게 댕겼다가 '내가 참말로 뭣 하러 거기를 갔거나' 그라고는 뒤로는 다시는 안 갔어라. 안 댕겼어. 그라고 항시 올까매로[올까 봐] 그께 [배가] 안 오니께는 배가 이제 능이로 안 보께는[다시는 안 보이니까] 항시 올까매로 지달리고[기다리고] 참말로 그랬는디. 그 부모 마음은 이녁도 해봤으니까 그라제, 부모 마음은 오죽하겄소. 나도 그 일 생각항께 이녁 일 생각하니께 울음이 나옵데다. 오메오메, '얼마나 그 참말로 복장이 터지고 애가 터질거나' 하고 그랬제라. 이녁도 눈물이 나고 참말로 비명이, 그 생떼 같은 아그들을 그리 베고[보내고] 속이 속이겄소?

면담자　　　어머님, 아버님이 풍랑으로 돌아가셨을 때 어떻게 아셨어요? 그거를 누가 알려줬어요?

최순심　　　누가 알려준 것이 없었어라. 알려준 것이 없는데, 인자 그때 배들 몇이 나갔다고. 그 동네 배가 한 척이 같이 있는데, 그 배는 안 나오고 인제 했는데. 여기서 그 배로 찾아댕기고. 인자 "나갔다"고 했는데 "그 배로 온다"고 했는데 안 왔다 해가꼬, 행여나 올랑가 어쩔랑가 하고 찾아댕겼지. 인자 며칠 돼도 안 오니께 "글로[그 걸로] 인자 없어졌다"고 그렇게 말했지라, 그때. 다 올까매로 기다리는데 항시 기다렸다 이제는 늙어지니께 안 기달려지요. 눈으로 안 보니께 참말로 기달려지더마잉.

면담자   계속 기다리셨어요? 그래도 혹시 올까 하고?

최순심   예, 잠깐잠깐 넘어왔기라제. 그것이 그 자슥들 잃은 부모도 참말로 그럴 것이요. 그 순간 넘어가면은 괜찮애요. 이녁도 해보니께 알제. 그 순간 돌아오면은 그냥 깜박 그렇게 못 잊으지. 그라니께 인자 뭣 할 때는 웃음 웃을 때도 있고, 그때 인자 뭣 할 때도 있고 그럴 거요만은, 비명이 시방도 가슴이 짠하겠소? 자식들 그리 보[내]고 온전한 정신이 있겠소?

면담자   어머님 지금 기름이 나와가지고 어장이 망가졌다는 이야기 들으셨어요?

최순심   인자 들었지라. 다 동네 사람이 그란하요? 오늘도 군수 왔다 갔어.

면담자   그 얘기 들으면은 어떤 생각이 드세요?

최순심   그럴께라, 어디 동네 사람 돈 못 번다고 금방 죽을라요? 비명이 성가서 하겠소? 인자 말 안 해도 알고 해도 알고 돈은 벌 꺼인데, 못 벌은다고 이제 뭣을 하거나 여 아들도[여기 사람들도] 그라고. 이제 없이도 또 돈 버는 사람도 성가서 하고 인자 그러겠소? 그랍데다. 성가서 하고 뭐 어디 이 옆에 사람들도 돈을 못 벌으니까.

면담자   얼마나 벌어요? 한 달에?

최순심 　　300[만 원]도 벌고 400도 벌고.

면담자 　　한 달에?

최순심 　　응, 한 달에. 인제 [미역] 너는 끄터리. 그러니께 한 달에도 널고, 한 달도 못 된 사람 있고 한 달 된 사람도 있고 그라지라. 그랑께 그 미역 하면 끝나도록 하면 인자 300, 400 보통.

면담자 　　미역 하고 수확할 때까지 기간이 얼마나 걸려요?

최순심 　　이상 걸리지라. 그것도 많이 걸린 것이 아니여라. 여름에는 그래 가꼬 목포도 가고 해서 벌어가꼬 또 놀러도 가고.

(녹음되지 않음)

최순심 　　응, 그것이 비싸지. 그것이 인자, 한 뭇에 잘 파는 사람은 7만 원도 받고, 70만 원. 7만 원 아니지 70만 원. (면담자 : 70만 원?) 응. 뭐시 60만 원도 받고 이제 50만 원도 받고 그것은 또 그래라. 그래 가꼬 그 미역은 겁나게 비싸, 돌미역은. 이 미역은 인자 10만 원하고 6만 원도 받고 5만 원도 받고 이렇게 많이 하니께 그렇게 받아, 김, 미역은.

면담자 　　지금 어장을 하시는 분도 있고 어장 안 하시는 분들도 있으시잖아요?

최순심 　　많아지라.

면담자 　　어장 안 하시는 분들은 뭘로 먹고사세요?

최순심 　　그런께 내나 어장 하는 그 인부가 그러한다고. 인부가 몇이서 딸려, 어장 하는 집으로. 말하자믄 이렇게 우리 같은 사람은 여자들이 여남은 집을 다섯이, 넷이 인자 그렇게 딸려가꼬. 적으면 또 저기 딴 데서도 데려오고 그란다께라? 거그 딸려서 돈을 벌으제.

(촬영 장비 이상으로 이후 녹음되지 않음)

동거차도 주민 **최순심** 2회차

2017년 3월 27일

1
시작 인사말

면담자   본 구술증언은 4·16 사건에 대한 참여자들의 경험과 기억을 기록으로 남김으로써 이후 진상 규명 및 역사 기술에 기여하고자 합니다. 지금부터 최순심 씨의 증언을 시작하겠습니다. 오늘은 2017년 3월 27일이며, 장소는 동거차도 최순심 씨 자택입니다. 면담자는 이현정이며, 촬영자는 강재성입니다.

2
동거차도에 시집오기까지의 가족사

면담자   어머님 서거차도에서 몇 째로 태어나셨어요?

최순심   몇 째로 태어났냐고? 내 손 밑에 우리 막둥이 동생 있고, 여자고. 여자가 칠 모녀.

면담자   여자가 일곱?

최순심   아니, 칠 모녀. 아, 내가 가만있어, 셋째 다음에 넷째로 태어났구만.

면담자   넷째로?

최순심   응, 그리고 내 밑에 머이마[남동생] 있었어.

면담자   그러면 어머니, 아버지는 그때 뭐 하셨어요?

최순심   어머니, 아버지는 일찍 죽었제. (면담자 : 왜요?) 아따 늙었응께 그냥 일찍 죽어부렸제.

면담자   어머니가 넷째라면서요?

최순심   어머니 말고 내 형제간들이 첫 번에 딸 낳고 뒤로 아들 낳고. 아니, 딸 둘 낳고 아들 낳고 또 내 밑으로 아들 낳고, 어머니가. 그라고 죽었제.

면담자   어머니가? (최순심 : 응) 위에 딸 둘 낳고 아들 낳고.

최순심   이제 나 낳고.

면담자   어머님 낳고 밑에 또 아들 낳고?

최순심   동생. 응, 동생 낳고.

면담자   그러고 어머니가 돌아가셨어요? (최순심 : 응) 왜요?

최순심   아파서 죽었제, 서거차서.

면담자   어머니가 몇 살 때 돌아가신 거예요?

최순심   나 몇 살 때라?

면담자   응, 기억나요?

최순심   응 기억나제, 13살에.

면담자   그럼 아버지는요?

최순심   아버지는 더 일찍 돌아가시고.

면담자　　　더 일찍 돌아가시고?

최순심　　　예, 더 일찍 돌아가셨어라.

면담자　　　어머니가 혼자 다섯을 키우시다가 어머님 13살 때 돌아가시고? 그럼 어머님은 누가 키우셨어요?

최순심　　　나? 이제 오빠들이한테 있었제. 언니들은 시집가고. 오빠하고 올케하고.

면담자　　　그래도 오빠는 장가를 일찍 가서 서거차도에 살고 있었나 봐요? (최순심 : 응) 그럼 어머님은 태어나시기도 서거차도에서 태어나고?

최순심　　　서거차서 안 태어났어.

면담자　　　안 태어났어요?

최순심　　　저그 저 어디서 아버지가 장가왔던가 바깥서. 인자 말하자면 나 안 챙겨서 데려왔제, 함평이라고. 함평서 왔어.

면담자　　　함평? 전남 함평?

최순심　　　응. 거기서 왔는데 인자 우리덜이 애를 낳아서 엄매가 일찍 그 13살에 죽고. 엄매가 그런 것을 안 갈쳐주고, 내가 한번 5살 묵어서 따라가기는 갔는데 그거 바닷가에서 배로 그때 서거차서 배로 갔었어. 서거차서 함평을 갔는데 바닷가서 이 째까낸[작은] 자까[나룻배] 타고 갔는데 물에 함쩍 데어갖고 넘어가는지는 알아도, 몰라 그 동네를. 넘어가더만, 배로 탄 데 이렇게 자까로 가서.

면담자   어머니가 5살 때 어머님하고 같이 전남 함평에 가보신 적이 있는데, 그때 아버지는 같이 안 가고요?

최순심   아버지는 없고. 친정에 간다고 따라갔는데, 5살에. 인자 커서 그담부터 엄매 죽어부리고 뭐 외갓집은 모르제, 어딘가 인자. 그제 까중가비[외가 식솔]들은 살아롸제. 즈그 엄매, 아배는 이제 죽었을랑가 인자 이라는데 까중가비들은 살겄어? 그때 가서 그 기억이 나. 내가 5살 묵어서 그랬던가 3살 먹어서 그랬던가 그때 가는 거 따라가서, 이제 도시들은 더들방[디딜방아] 안 있소? 이렇게 잡고 잉? 그것을 엄매가 찔께는[찧으니까] 무사라고[무서워서] 나는 막 벌벌 떨고 "하지 말라"고.

면담자   어머니는 왜 그러셨는데요?

최순심   모르제라. 그것을 이렇게 하니까 무사라고 그랬당께, 찧응께. 그런 기억은 다 나. "하지 마라"고 그래 가꼬 뒤로는 안 했제. 그란데 그 지아배였든가 어쨌든가 그 행랑방에서 이렇게 영감 하나가 있고, 인자 그 집에서 논이 있는 거. 지그 엄매 지그 아배 살았던 마냥. 이를테면 내가 애 낳을 나이에 애 낳지 이제 살았응께, 거기서 인제 그래 가꼬 그건 가서 방아 그 찧고. 그 기억도 나고 밤 딴 기억도 나.

면담자   밤 딴 기억도 나고? 한 번 가셨는데요?

최순심   한 번 갔제. 그라곤 안 가봤지. 엄매가 죽어버렸당께.

면담자   그러면 거기가 아버지 고향이 아니라 어머니 고향, 그러니까 외갓집이었네요?

최순심   응, 외갓집이지.

면담자   그럼 아버지 고향은 어딘데요?

최순심   아버지 고향은 서거차지.

면담자   아버지 고향은 서거차고. 그럼 아버지는 서거차에 있다가 어머니가 전남 함평에서 시집온 거네요?

최순심   예, 거그 가서랑께 어찌케 데려왔던가 그것을 일체 그런 것을 모르제. 가서 인자 아버지가 거 가서 데려왔던 거이제, 어머니가 거기까정 서거차까정 안 왔을 테요.

면담자   그죠, 어딘 줄 알고 그걸 와.

최순심   그전에는 그렇게 댕김시로 도보도 했거등. 그랑께 그 도보하러 가서 데려왔던가 그것은 몰라. 그란데 시방 외가 편은 아주 모르제. 어디 가 있으면[있는지] 이렇게[어떻게] 안단 말여, 그 집을 다 몰른데, 주소도 모르고. 엄매 성함은 김씨인지는 알어. 성함도 알고 인자 [김]작은년이라고 이름도 아는데, 다른 사람은 다 우리 형제간은 모르는데 나만 그렇게 알았더만. 어머니는 그 김씨고 그 성함하고 이름은 알어. 그란데 다른 언니들은 오빠들은 잘 몰랐더랑께, 언니들하고. 기억이 또렷이 이렇게 나.

면담자   그러고서 어머님은 여기로 19살에 시집오셨잖아요?

최순심   응. [어머니는] 13살에 죽었당께라?

면담자   그러니까 어머님이 13살에 돌아가시고 19살 될 때까지는 오빠네 집에?

최순심   응, 오빠네 집 가 있었지.

면담자   그럼 큰오빠네, 작은오빠네?

최순심   오빠 한나밖에 안 있고 동생이 있었당께.

면담자   아, 동생이 있었지. 언니 둘에, (최순심 : 언니 둘에) 오빠 하나 있고 또 밑에 남동생 있고 그랬다고 하셨죠?

최순심   응. 둘이는 언니들은 시집가고.

면담자   언니들은 어디로 시집갔어요?

최순심   언니는 이제 거기 죽도로. (면담자 : 죽도로?) 그 서거차 죽도로 시집가고.

면담자   둘 다?

최순심   하나는 또 저그 맹골도로, 작은언니는 맹골도로 시집가고. 나는 또 이리 오고. 그때는 다 그 시절은 동으로 가고 이런 가찬 데[가까운 데] 가고 먼 데로 안 갔지라, 그 시절 때는.

면담자   언니들은 시집가고 나서 동생 보러 서거차도로 오고 그러셨어요? 아니면 시집가고는 못 보셨어요?

최순심   내가 댕겼제. 내가 갔제. 언니들은 잘 안 왔어. 혼자께 내가 그라고 댕겼제. 이러고 저 큰언니네 딸은 여기서 살아. 나보다

114
•

3살 덜 먹었어.

면담자   그렇구나. 그분은 어디로 시집간 언니네 딸이에요?

최순심   요리 왔지, 이 동네로.

면담자   그러니까 맹골도로 시집간 언니 딸이에요?

최순심   아니, 맹골 아니고 거기는 대섬[죽도] 사람.

면담자   아, 거기 딸이 이리로 시집을 또 왔구나?

최순심   응, 거그 딸이 요리 시집왔제. 이제 아들네들은 목
포서 뭐 살고. 그래 가꼬 나갔어, 나가 가꼬 언니가 목포서 살다 죽
었어. 작은언니도 맹골서 아그들을 낳아갖고 목포로 이사하고 거기
서 죽고, 언니가.

면담자   큰언니는 몇 살에 가신 거예요?

최순심   큰언니는 일흔몇에. 작은언니도 그라고. 그렇게 죽었
을 것이여.

면담자   아, 어렸을 때 돌아가신 게 아니고?

최순심   응. 어렸을 때 죽은 것 아니여. 얼마 안 됐어. 작은 언
니도 한, 그렇게나 죽었나, 작은언니도 목포서 죽었어.

면담자   그럼 13살에서 19살 될 때까지 오빠네 살다가….

최순심   요리로 시집왔지.

면담자   어떻게 시집을 오게 되셨어요? 어느 날 오빠가 불러가

지고 '너 시집가라'고 그랬어요?

최순심   아니라. 여그서 시아버지들이, 이제 다른 시아버지하
고 저 맹골도로 그랑께 그 들멕이고 갔던 모냥이여, 서거차로. 서거
차로 가서 하룻밤 자고 맹골도는 인자 그라고 댕겼제, 그때는 인자.
시방은 바로 댕기요. 옛날에는 그래 가꼬 즈그 아들네들 말하러 간
다고 우리 시악씨[시아버지]랑 다른 시악씨랑 둘이 서거차 가 잠을 잔
대. 우리는 몰랐제, 쪼까네 19살 묵었응께. 아니, 그때 열, 16살 묵었
등가 그랬어. 몰랐는데 여그 시아버니 아는 사람이 그랬던 모양이
여. "그 먼 데까정 맹골도까정 뭣 하러 갈래?"냐고 "서거차 여그 가
이낙들[딸들] 있는데 여그서 말하제, 뭣 하러 거 갈래야?" 그랬디. 그
래서 인자 우리 집도 오고, 그 아래 혼자 있는 거그도, 다 요리 가차
운[가까운] 친구도 나하고 한동갑이여. 그란데 요로케 쪼까 떨어져서
살았어. 그란데 거그도 지 오빠 밑에서 있었어. 즈그 엄매 있겠구나,
즈그 엄매 그때. 그래도 오빠한테서 즈그 엄매하고 살았는데. 여그
서 그 어른도 그 말하라 하고, 나도 거그 가이나 있응께 하라고. 그
려 가꼬 이제 온 것이여.

면담자   그러니까 그때 시아버지랑 또 여기 동거차도 다른 어
른 한 분이랑 며느리 찾으러 다니셨군요?

최순심   며느리, 응. 맹골도로 간다고 했는데 거그서 인제 했
지. 그래 가꼬 여그 차정록이 거그 각시도 서거차서 왔어.

면담자   그러면 그때 같이 왔어요?

최순심   나하고는 같이 한 달에는 왔는데 내가 뒤로 오고. 그 각시가 내 한동갑짜리 거기랑 한 번에 같은 한날 오고 그랬어. 한날 오니까 참말로 서리 많이 올라오고 그라더만?

면담자   그러면 어머니는 '저기로 시집가라'고 누가 그랬어요? 아니면 시아버지 될 사람 만나보셨어요?

최순심   우리 오빠가 인자, 오빠한테 말했제. 나는 시집가란 말을 이제 못 들었는데 오빠가 그렇게 해버렸는데 내가 뭣을 하겠소. 그때는 오빠하고 부모네들이 말하면 말하는 대로 갔어, 자의로. 그라제면 이녁[나]은 모르제, 상황을. 19살 먹었는데 뭘 알겠소? 그래 가꼬 얼마 안 있다 이렇게 남자가 이렇게 [서거차도로] 올라왔더만. 남자랑 같이 댕기는 것도 아니었어.

면담자   그때 그러면 남편분 얼굴도 모르고 그냥 오신 거예요?

최순심   모르고 왔지라. 본다라고 했당께 내나마라께라[본다고 해도 소용없으니까].

면담자   사진도 못 봤어요?

최순심   아니요, 사진도 안 보고 얼굴도 안 보고 몰랐제. 이제 약혼하고 얼마 있다 올라왔더만. 같이 인자 올라왔어, 같이 한 머이마하고.

면담자   그러면 시집올 때 어떻게 갔어요? 신랑 되는 분이 어머님 댁에 와서 어머님을 모시고 갔어요?

최순심   예. 가매[가마] 탔어.

면담자   가마 타셨어요?

최순심   응, 가매 타가꼬 마끼미[동거차도 2구]서 저리서 돌아서
왔제. 가매 타고 요리 돌아서. 가매는 많이 탔어, 아주. 가매를 웃[윗]
동네서 마끼미로 와가꼬 자까[나룻배] 이고. 종손인데, 이를테면 종
손이여. 종손으로 올라와 가꼬 그때는 종손이라 챙겼지, 뭐 이놈이
배랑이[배려가] 있었더라?

면담자   그러면 그때 큰며느리라는 것도 알고 가셨어요?

최순심   알았제.

면담자   아셨어요? (최순심 : 응) 그러면 이렇게 시집가는 거
에 대해서 마음이 어떠셨어요? '오빠네 더 살고 싶다' 이런 마음이
셨나요?

최순심   어쯔케 빨리 시집가서 하겠어? 가이나로 있는 것이 장
이제[제일이지]. 여그 오니께 식구들이 몇이냐 하믄, 시누 둘이.

면담자   위 시누랑 아래 시누?

최순심   시누는 밑에 시누. 그란데 시누네들이 하나는, 그해
[내가] 동짓달에 왔는데 8월 달에 낳았다고 보동[포대기] 속에 있었어,
시누가 쩨깐한 시누가. 그래서 키웠어. 그라고 큰시누는 쫌 크고. 시
아재네들은 너이[넷]. 너인데 그렇게 사업하다가 배가 그렇게 없어졌
당께라.

면담자   시집와서 여기서 사시는 건 어떠셨어요? 아버님이 잘
해주셨어요?

최순심   잘했제라. 시아버지, 시엄씨[시어머니]도 잘해주고, 잘
했어. 여그서 살 때는 이렇게 따로 안 살았어. 그 가문 집이 건너서
두 집짜리여, 큰집하고. 그래 가꼬 우리가 살다가 저리 집 사서 제금
[분가] 났어. 그래 가꼬 거그 가서 저 차근차근 났어. 내가 인자 동세
[동서]를 얻었어. 저그 서방 안 온 동세 얻어가꼬 살다가 또 시악씨[시
아버지]는 뭐디 이제 [분가를] 안 낼라고 했제. "[어떻게] 큰아들을 내
냐?" 그런데 우리가 인자 나왔다가 차근차근 결혼시켜 가꼬 그 사람
들 내고 들어올라고 그렇게 생각했었어. 그란데 거그 집에다 시방
있는 동서가 살다가 또 밑에 동생은 2구로 갔어. 그란데 그 동서를
또 얻응께 그 동서도 나고. 이제 막둥이 인자 얻을라고 막둥이 하다
가 막둥이가 인자 못 얻었제, 죽어부고. 그래 가꼬 따로 산 것이 계
속 그 따로 떼서 우거서 살다가. 인자 뭐시기 그 시차[셋째 동서가] 사
람 얻어서 즈그 어머니, 아버지가 거그 가 있응께 그 동서한테 내주
고 우리는 시어머니, 시아버지 근처에 날라[살려고] 했어.

면담자   그럼 동서네가 먼저 아들을 낳았어요?

최순심   아들이라?

면담자   응. 어머니는 어쨌든 계속 먼저 딸 낳으셨잖아요?

최순심   동서네가 더 뒤로 낳았제라, 거그도. (면담자 : 거기도?)
응. 우리 그 가이나가, 그 동서네도 가이나를 먼저 낳았어, 둘 낳았

어. 나는 셋 낳고 거기는 둘 낳고. 그라고 머이마 낳았어, 둘 낳고. 그러니까 거기는 가이낙들이 셋이고 머이마 둘에다가, 우리는 가이낙들이 넷이고 머이마 둘이고 그래. 거기는 가이낙들이 서이[셋]여라. 목포 가 살아, 그 가이낙들은. 그라고 서울 하나 살고. 작은놈 머이마가, 밑에 머이마가 서울 가 살고, 큰머이마는 목포 가 있고. 그랑께 서울로 갔다 목포로 갔다 뭐 여기 사람들은 저슬[겨울]에는 할 것도 없응께 다 나가. 아주 설 쇠러, 설 쇠고 늦게 들어왔제. 얼마 들어온 제 우리도 안 됐어, 나도. 빨리 들어가서 집이 가이나가 문을 닫혀놓은 지가 몇 달 됐응께 환기도 잘하고 문도 열고 불도 틀고 그런 것 하라고 미리 데꼬왔제.

3
동거차도에서의 삶

면담자 이제 저희가 서거차도에서 어떻게 시집왔는지는 얘기 들었고요. 동거차도에서 19살에….

최순심 시집와 가꼬 식구가 많아 가꼬 봇살[보리쌀]을 베낄라니[벗기려니] 천지 돌깨[도리깨]도 안 되고 메로 많이 찧었당께라. 이렇게 떡 치는 메 안 있습디까? 메로 많이 찧었어. 그래야 봇살이 푹푹 들어가제. 돌깨로 많이 찍으면, 세 번, 네 번 찍으면 메로 막 찧어서 꺾어쌓고 막 널었다가 이놈을 까불라갖고[위아래로 흔들어서] 또 다시 찧고 찧고 하요. 보리도 농사도 짓제.

면담자 　　　농사는 뭐 지으셨어요?

최순심 　　　보리 쪼깐 짓제. 그랑께 시방은[지금은] 보리 안 지으요. 보리 지어가꼬 보리 베어다 돌깨로 때렸제. 또 기계로 때렸다고 그랑께 작은집, 그 가운데 집이 거그 한 집 지으니께 산 거메늘 마당이 건네고. 마당을 한 마당 썼어. 그란데 작은집이 보리를 치면은 이제 두 동서하고 나하고 [일했지]. 나도 징하게 애려서[어려서] 시집 와도 그런 돌깨질은 그렇게 잘했어라.

면담자 　　　서거차도에서도 그것도 해보셨어요?

최순심 　　　해봤어라.

면담자 　　　거기나 여기나 사는 모습이 비슷해요?

최순심 　　　예, 비슷해. 그랑께는 돌깨질을 해봤응께, 작은집 이제 한 마당씩 훑어서 이렇게 하요, 훑고. 옛날에는 그 보리를 돌깨로 이렇게 쳐서 또 까불라면 얼마나 까롭다고. 돌깨로 쳐서 이렇게 봇살을 찧어 먹고 그랬제라. 식구가 많아 가꼬, 우리가.

면담자 　　　그러면 그때 집은 어떤 집이었어요? 시아버지, 시어머니랑 다 같이 살았어요?

최순심 　　　같이 살았제라.

면담자 　　　그러면 거기에 방이 몇 개였어요?

최순심 　　　방이 두 개였지라.

면담자 　　　그러면 한 방에는 누가 자고, 또 한 방에는 누가 자요?

식구가 많잖아요?

최순심   방이 두 개인께 한 방에서 아그들이랑, 즈그 아그들이
랑 부모네들이랑 자고. 인자 또 나는 따로 자고. 방이 두 개였지, 그
광을 내서 방은. [면담자 일행이] 밥 먹은 데 그 땅이 (면담자 : 그 자리
예요?) 응, 시집 땅이여. 다른 집도 짓었어. 그라케 이렇게 넓지라.

면담자   아, 그 약돌이 선장님네 그 집이요?

최순심   예, 그 집이 첫 번에 말하자면 우리 땅이여. 우리 앞으
로 한 땅이여, 말하자면. 그래 가꼬 우리가 작은집은 기양[그냥] 주
고, 집이 더 낫분께 거기가 쪼까 낫고 항께는 그냥 다른 데로 사서
갔어. 사서 가서 거그서 살면시로도 거기도 방이 두 칸이었어. 세 칸
은 세 칸인디 두 칸은 인제 장가 안 간 아들네들 둘이 인자 다른 데
서 자고, 저 엄매랑 자는 아그도 있고 그러제. 그 옛날에는 방이 다
두 칸이었제, 세 칸 못 했다우. 다 그랬어.

면담자   그러면 큰애가 몇 살 때 따로 분가해서 나왔어요?

최순심   큰놈이 5살인가 4살인가 그렇게 묵었을 것이여, 3살
인가 그때 따로 났어. (면담자 : 아들이?) 예, 아들이. 그래 가꼬 그 딸
네들은 더 먹었어. 둘이 집을 지었어, 아그들이랑. 그 째깐하게[조그
맣게] 오두막집을. 이제 첫 번에는 두 칸짜리. 부엌 하나 방 하나, 방
두 칸 이렇게 짓어가꼬 살다가 또 째깐하게 그 옆으로 다락 내서 세
칸 내서. 시방도 고물로 있어.

면담자   그 집이 아직 있어요?

최순심   있어, 쓰러지지도 안 하고.

면담자   어디 있어요?

최순심   저 우에 있어.

면담자   산 위에?

최순심   산이 아니고 옆짝으로 가서.

면담자   아, 그래요? 그럼 어머님이랑 남편이랑 같이 지은 집이 아직 있어요?

최순심   에, 아직 있어.

면담자   그러면 집 지을 때는 누구누구가 도와줬어요?

최순심   둘이 지을 때는 아그들하고 짓어주고 그랬지라.

면담자   흙으로 지었어요? 뭘로 지었어요?

최순심   부로크[블록]하고 흙으로 지었다가 후로는 부로크 찍어서 쌓고.

면담자   아, 찍어서 쌓고.

최순심   응. 그래 가꼬 인자.

면담자   그럼 그 벽돌은 어디서 가져와요?

최순심   뭔 이렇게 [틀을] 짜갖고 맨들었어, 짝지[자갈밭]서. 그때는 짝지 여그 없었응께 그랬는데. 인자 집 짓다가 내가 막둥이가 섰던[임신했던] 모양이여, 그때. 집 짓는데 어쯔케 비는 이렇게 [많이] 오는데 하기가 싫고 금방 죽겄어. 그래서는 인자 애기 밥도 이상스럽게 제대로 못 먹고 그라는데, 나 보고 그날 내가 "비 오니께 기양 쉽시다" 그래도 꼭 짓자케, 비 와도. 비 오는데 안에서 짓으께는. 그래서 "아이고, 난 죽어도 못하겄다" 항께 다라[대야]에 물 받아놓은 데다 씻으렀는데. 그 아래 누가, 그 어른도 죽었소만, 그거는 참 잘 못돼. 못 쓰게 해가꼬 빤해 가서 난 그냥 잠 자버리고 [남편이] 한자[혼자] 지었더라, 그날은.

면담자   남편이 혼자 그걸 지었어요?

최순심   응, 한자[혼자]. 하리[하루만] 그랬제. 지가 어찌 한자[혼자] 짓으나? 우리도 아그들 델꼬 못[집터]에 [나뭇]가지 날랐지. 우리 아그들, 가이낙들 둘이 델꼬 가지 나르고 했어.

면담자   대단하시네요.

최순심   그래서 그거 아주 올라댕김시로 짓어가꼬 거기서 애도 나고 [남편은] 거기서 죽었어. 배 나가서 인자, 그 집서 죽은 셈이여. 그래 가꼬 여그가 인자 목포로 나간다고, 큰집이 난께 아그들이 사라고 항께 인제 샀제. 아그들이 돈 대고.

면담자   그러면 그때 형제들이 다 고기잡이하러 나간 거예요?

최순심   고기잡이하러 갔다가 안 들어오고 풍파 만났지.

면담자   그러니까, 맨날맨날 사는 게 고기 잡아와 가지고 팔아서 산 거네요?

최순심   예. 농사도 뭐 밭 쪼까 째깐한 거 보리 쪼까씩 하고 아무것도 안 했제.

면담자   고구마, 감자는 그때는 안 하시고요?

최순심   쪼까씩 했제.

면담자   조금씩? 그거는 그냥 먹으려고 조금 한 거예요?

최순심   먹을라고 했제, 팔[지]도 안 하고.

면담자   그러면 쌀 같은 거 사다가 드셨어요, 어떻게 했어요? 쌀 없이 그냥 보리랑 이런 걸로 드셨어요?

최순심   보리가 많이 묵었지. 보리쌀로 밥을 했제. 쌀은 인자.

면담자   쌀은 그러면 사 와서 넣으셨어요? 아니면 보리만 해서 밥해 드셨어요?

최순심   예.

면담자   그래서 집을 지었고요. 그런데 시부모님이 보통은 큰아들이 모시고 살게 하고 둘째가 나가거나 이래도 되잖아요. 근데 어떻게 어머님, 아버님 내외가 분가했어요?

최순심   [시]어머님, 아버님이 나온 것이 아니지.

면담자   아니, 그러니까 어머님이랑 남편이 첫쨀데.

최순심   첫째니께 내라, 첫째인께 제금을 내서[분가를 하면] 안 된다고 농 그랬어. 그랬는데 내가 하는 소리가, 식구가 많아 가니께, 내가 우리 식구도 많았고 그랑께 한참 많아가서리 내가 낳은 아그들도 있고, 이제 어머니가 낳은 아그들도 많았게. [그래서] 내가 났다가 [분가했다가] 어머니, 아버지를 도리[도로] 모실 꺼시께, 우선은 인자 차근차근 내서 났어. 뭐 어디 동네 사람이고 형제간이고 큰아들은 내서는 안 된다고 하는데, 우리 시아버니가 제금을 안 났으면 하는데 인자 내 식구도 많아요. 가이낙들도 있고 머이마도 있고, 그라고 거그도 인자 여럿 되고 항께 이제 내가 [분가]났다가, 차근차근 그래 살면 도리[도로] 들어와서 산다고 그랬어. 그렇게 약속도 했어.

면담자　그러니까 일단은 우리 식구가 많으니까 나가 살다가 나중에 들어와서 모시겠다. (최순심 : 웅) 차근차근 딸들 시집도 보내고 이러고 들어와 살겠다고 하셨구나. 그러면 남편이 큰아들인데 그게 좋겠다고 그러셨어요?

최순심　예, 큰아들이께 이제 그렇게 했제라. 그래 가꼬 나와서 살다가, 식구가 인자 좀 갈려야 쪼까 적겠소?[식구가 나뉘었어도 입이 좀 많겠소?] 하따, 아주 봇살[보리쌀] 댔던 것이 보통 문제가 아니었소. 그때는 뭐 봇살도 없응께 못 먹었제마는. 국으로 연명하고 또 했다가 봇살도 데껴서[부대껴서]. 쌀이 뭐 있었겄소. 애기를 여섯 낳았어도 혹시 쌀 반쯤, 그때는 대승[큰 되] 한 말도 아니고 반승[작은 되] 한 말씩 포라놓고 포롯이[겨우] 채그밥[출산 후 처음 먹는 밥] 묵으면, 쌀밥 채그밥 묵으면 그 영거서 쪼까씩 묵은 때가 있었제. 뭐 쌀밥 이상 묵었다우?[쌀밥 이상 먹었겠어?] 아그들을 몇 낳았어도? 그런 세상을 살았어라.

면담자   그래도 섬인데 미역국 같은 건 안 드셨어요?

최순심   미역국 묵은 사람은 묵고 전혀 안 묵은 사람은 안 묵고 그랬제라.

면담자   그땐 참 힘드셨겠어요.

최순심   응, 그라제라. 그때 세상에는 아주 징했지라. 봇쌀 밥도 참말로 없어 가꼬 쌀도 안 넣고 봇쌀 퍼져가꼬 국에다가 넣어서 묵고 그랬지라. 봇쌀, 흰 봇쌀 건져놓고 해묵고. 건져났다 어찌케 했냐면, 버글버글허요. 그랑께 또 감저[감자] 몇 개씩 썰어 넣으면 또 찰져.

면담자   찐득찐득해지죠.

최순심   응, 고롷게 해서 또 묵고 그랬지. 그 세상 오직이 했다우? 생전 우리 아그들 클 때는 참말로 어디서 이런 데, 가겟집도 이상 있었지만은, 가장 못 사는 집으로 봤제라. 그러니 그렇게 독살스럽게 내가 했어. 옹삭항께 편이라[가난한 형편이라], 옹삭항께 그렇게 할 밖에 없었어. 즈그도 알제, 모르겄소?

풍랑으로 남편을 잃은 후의 삶

면담자　　　아까 남편분이 배 타고 나갈 때 여러 사람이 한꺼번에 나갔다고 그러셨잖아요? (최순심 : 예) 남편이 원래 고깃배 타고 얼마나 자주 나가셨어요? 매일매일 나가신 건 아니잖아요. (최순심 : 예) 그럼 한 달에 몇 번이나 나가셨어요?

최순심　　　여러 번 나댕기지라. 기잽이[고기잡이] 그때 했는데, 몇 번씩 나댕기다 거가 섬디[진도군 조도의 지명]인가 또 배 세워놓고 있다 또 여그 하루나 이틀이나 있다 가고 그랬어.

면담자　　　그러면 그날 이야기 좀 해주세요. 항상 그렇게 형제 넷이 다 같이 갔어요?

최순심　　　서이[셋이] 갔어라. 우리 저그 있는 시아재는 몸이 안 좋던가 배를 잘 멀미하고 안 타고.

면담자　　　몇 째가?

최순심　　　둘째가, 시방 사는 둘째가. 그랑께 인자 우리 막둥이 시아재는 군대 갔다 얼마 안 했어[됐어]. 근데 "배로 갈 이가 없다"고 그래서 갔어, 인자 같이 갔제.

면담자　　　둘째도 그날은 같이 갔다면서요? 그날 갔는데 살아 돌아왔다고?

최순심　　　그날 여그 있는 둘째는 안 갔제.

면담자	아, 그러니까 셋만 갔다고?
최순심	셋째하고 넷째하고.

면담자   그러니까 바깥 어르신하고 셋째하고 넷째하고? (최순심 : 웅) 그래서 한 배를 셋이 타고 간 거예요?

최순심   웅, 한 배를 서이 타고 갔제, 그 배로. 그 배를 타고 갔어.

면담자   그때가 어머님이 37살 때시죠?

최순심   에, 일곱. 그리고 그 죽은 사람은 마흔. 40살이고 그런데 그 밑에 시아재들은 째까 묵었제. 셋째 놈은 장가가서 애기들 가이나 둘, 머이마 째깐한 놈 하나 그렇게 낳고. 이제 막둥이는 장가 안 갔응께 말할 것 없고. 적은네는[둘째 동서는], 적은네도 그때 머이마는 배어갖고 있었어, 가이낙들만 낳고. 그래 배어갖고 댕길 땐데, 그때는 물을 데려도[길어와도] 쩌그 먼 데서 한 동이씩 데려다 묵응께. 참말로 이놈은 물 한 동이 갖다 놓으면 뭐 시상이도[세상에도] 식구가 원체 많으니께 밤에는 꼭 잠을 안 자고 몇 번씩 데려 날랐지[길어다 놨지], 또.

면담자   그날이 몇 월 며칠인지 기억나세요?

최순심   안 나제라. 그렇게 했단 것만 기억나제, 날짜 그런 것은 몰러.

면담자   그럼 지금 아버님 제사는 언제 지내세요?

최순심   시방[지금] 제사가 저, 나는 양력을 잘 모룽께 음력으로 동짓달 열하룻날, 제사 지내는 날이. 계산해 보면 알 거야.

면담자　　　겨울이네요?

최순심　　　겨울에. 그랑께 여그 풍파가 났지라. 열하룻날 동짓
달. 아주 그날 빠삭하디[맑더니] 배가 그랑께 온 날 그랬던가, 그날 눈
비가 그렇게. 눈이 막 퍼부슨시로 바람이 그렇게 터졌나 부렸어.

면담자　　　아침에 나가셨어요?

최순심　　　아침에 안 나가고 그 안날[그저께] 나갔지. 그 이틀인
가 거기서 섬디[진도군 조도의 지명]서 잤어. 기잽이하고 그라고 거가
있다가 들어오다가. 주민등록 한다고, 인자 그때 말 들었기는 주민등
록 하는 날이었어. 그랬는디 그때 그거 한다고 들어오다가 풍파 만나
부렸지. 갑작스럽게 들어오는데 바람이 터졌어, 그렇게.

면담자　　　그럼 전날 나갔다가 어디에 계셨던 거예요?

최순심　　　응, 섬디다가 배가 대갖고 있었지, 기잽이할 때는. 여
그서 나가면 거그서 기잽이항께 며칠씩 거 가서 있어.

면담자　　　그러니까 그게 어디 있어요?

최순심　　　저 섬디. (면담자 : 섬?) 조도 섬디.

면담자　　　조도에 배 대놓고 거기서 고기잡이하는 거예요?

최순심　　　응, 기잽이 거기서 하다 그랬제. 거기서 인자 그 섬디
에서 팔고, 거기서 해갖고 와서 거기 [배를] 대갖고 [고기] 팔고 인자
그라다가 여그 한 번씩 오고 그랬당께라. 자꾸 온 것이 아니었어.

면담자   그러니까 아버님이랑 형제들이 같이 거기서 고기잡이 하고 고기도 팔고 그러다가 가끔 집으로 오시고.

최순심   윗때면 오고 인자, 거기서 못 하면 오고. 그런데 그때 "주민등록 한다고 이렇게 온다 했다"고. 그래 가꼬 여그 배들 두 척이 갔었어. 그날 나갔다 그래 가꼬 여그 배들하고 이제 찾아댕기고 했제. 그랑께 다른 사람은 처연합디다. 그래도 나는 어찌케 가슴이 동댄가 미치겠더만. 그 틀리드만, 다른 사람은 어쨌대야.

면담자   그럼 그때 배가 오면서 이 배 말고 또 배 두 척이 갔다 했잖아요. 그러면 또 다른 배도 풍랑을 만난 거예요, 아니면 그 배는 왔어요?

최순심   그 배는 서거차 갔다가, 서거차 가 있다 뒤로 왔드만.

면담자   그 배는 오고?

최순심   응, 그 배는 이제 좋게 왔제.

면담자   그러니까 풍랑을 만난 것도 안 오시니까 그런가 보다 하는 거지, 사실 풍랑을 만났는지 어찌 됐는지 알 수도 없는 거죠?

최순심   예. 그러고 인제 뒤로 "그 배가 나갔다" 그런 말이 있었어, 나갔다고. 그때 인자 그날 나갔다고 한 날이 눈 막 오고 바람이 터지고 그렇게 갑작스럽게 날이 좋다가 기양 막. 저슬[겨울]에는, 저슬에는 그라요. 갑작스럽게 날 좋다가도 그렇게, 그날 유독 또 좋다가 나오는 데는 그래 안 했는데, 나오다가 그렇게 바람이 막 터지고 눈이 옴시로 그때 갑작스럽게 그랬지. 그랑께 이때 시방 해마다 이쯤 되면 그 뭐시 거게가 있어, 바람이 터지고 막 나부치고. 그라고 영영 못 오고 인자 며칠 동안 찾아도 틀렸다고 그라고. 새로 혼 건져서[넋건지기굿을 해서] 묻었지.

꿈을 꾸는데, 우리 식구는 꿈을 안 꾸는데, 그 시차[셋째] 시아재가 쩌게 큰집서 살 때. 우리는 큰집서 안 살고 나는 저기 [분가해서] 살고 저그는 큰집서 살았어. 그란데 [꿈에서] 큰집 부엌으로 들어옴시로, 들어와서 땅바닥을 두드림시로 "인제는 못 온다"고 그런 것이 꿈이 그냥 영척스럽게 죽었다는 것을, 그냥 깨버렸더랑께. 그렇게 꿈을 영척스럽게 꿨었어.

면담자   아, 시아재 꿈을 꾸셨다고요?

최순심   내가 꿈을 꿨는데 시아재가 그렇게 "다시는 못 온다"고 땅을 두드리고 오더랑께라.

면담자   몇 째 시아재가?

최순심   셋째 시아재.

면담자   셋째 시아재가. 어머님이 그날 꿈을 꾸셨어요? (최순심 : 웅) 그러니까 돌아온다고 하는 그 전날 밤에? (최순심 : 웅) 근데 시아재가 꿈에 나와서 부엌으로 와갖고 땅을 두드리면서 "이제 다시는 못 온다"고 그랬어요?

최순심   웅, "다시 못 온다"고.

면담자   그런 꿈도 꾸고 그래서 마음이 안 좋으셨겠어요.

최순심   넘[남] 보고는 말은 안 했어도 그랬제라. 우리는 꿈꾸면 생전 말을 안 해부러. 일절 안 혀. 좋은 꿈, 나쁜 꿈이고 말을 안 해. 여그서나 인자 그 말하는 거지.

면담자   얼마나 오래 기다리셨어요?

최순심   그랑께 몇 년 뒤에도 올까마는 자꾸 그렇게. 뭐 남 오는 배가 와도 '행여나 올랑가 저런 배로 올랑가' 그라제. 그라디 이제 하도 오래되분께 그냥 잊어버렸어. 어떤가 또 암시롱도 그렇게 올랑가 그래집디다요? '죽었응께 안 오지 소식 없제' 그라고, 어디 가면 소식이 있을랑가 살았으면 그란데. 그래짐시로도 그렇게 '올랑거이다, 올랑거이다' 그라제.

그래 가꼬 아그들이랑 저 우에서 그렇게 째깐하게 살다가 아그들이 커서 직장에 가요. 큰가이나가 제일 먼저 갔어. 가고 큰머이마하고 둘째가이나하고 진도서 방 얻어갖고 머이마 학교 당기고 하고. 작은놈은 여그 학교 마쳐갖고 목포로, 둘째가이나 시집가서 인자 즈그 작은어머니 집에다가, 삼촌, 작은어머니한테 한 해 있었어. 막둥이가 거그 가 학교 댕기고 있다가 이제 우리 가이나가 목포로 가서 델꼬 있었고. 그렇게 해서 학교 쪼까씩 중학교 보내고 그랬지. 그때만 해도 그 옹삭[가난]을 받고 그랬는데 어디서 뭔 학교를. 그래 가꼬 우리 아그, 있는 집 아그들은 학교를 안 댕기려 하고, 없는 집 아그들은 공부를 할라 해도 못 하고, 돈이 없응께. 그랑께 중학교 마치고 고등학교 댕기다가 끝을 못 지고, 큰놈은 또.

면담자　　　그러면 바깥어른하고 같이 집을 짓고 거기서 아이를 여섯을 낳고 살고 있었는데….

최순심　　　거그서 여섯 낳은 것이 아니여. 거그서는 막둥이 한자 [혼자] 낳어. 그러고 저 가웃집 있는 데서 첫가이나 둘째가이나 [낳고] 그라고 이사 왔어. 우거서 그 집 있으라 그란디 거기서 낳고 그렇제. 시방 있는 집서는 막둥이 한자 낳았어.

면담자　　　그러면 어머님 혼자 남아서 그 집에서 아이 여섯을 키우고 계속 사신 거예요?

최순심　　　그러지라우. 살았지라우. 그랗께 그란하요, 공부도 이상 못 가르쳤다고. 그랬어도 누구한테 도움도 안 받아봤으라우. 형제들한테도 도움도 안 받아보고 누구한테 도움도 안 받아보고 혼자 생활하고. 참말로 그 고생하고 살았제.

면담자　　　그럼 뭘로 생활하셨어요? 미역 따는 거 하셨어요, 뭐 하셨어요?

최순심　　　내가 일을 어찌게 저렇게 해서 인자 어디 가갖고 머이마도 쪼끔 가르치고, 아그들도 가이낙들도 쪼까 도와주고. 내가 인자 묵고 살고 그렇게 해서 했지라.

면담자　　　무슨 일하셨어요?

최순심　　　아무 장사도, 고춧가루 장사도 하고 막 이것저것 했지. 넘 일하면 밥도 해주고 축감[제방 쌓기]하면 축감 일도 하고, 별일

다 했지라우. 그렇게 해서 돈을 쪼까씩 해서 그랬제. 뭐 어디서 뭣 또 나와, 나 혼잔데. 아그들이 뭐 커서 벌었거나 그런 것이 어디가 있었어, 뒤로는 이제 가이낙들이 [외지로] 나가서 쪼까씩 즈그 벌어서 먹고 그랬제. 가이낙들은 그랑께 잘 못 가르쳤제. 머이마들 둘이만 쪼까씩 가르치고.

면담자   딸들은 잘 못 가르치고 아들 둘만.

최순심   딸들은 여그 졸업하고 그냥 나가서 즈그 회사 댕기고 생활하고. 아들 둘도, 선생이 저 막둥이는 체육고등학교 보내라고. 중학교도 이상 못 보내는데 체육고등학교를 보내겄소? 막둥이 담임 선생이 그라더만 "체육을 잘항께 체육고등학교를 보내시오" 그라더만. "예" 그래놓고, 이제 기 안 죽일라고 "예" 해놓고도 어찌케 내가 보내겄소. 머이마는 체육을 잘항께는 "체육고등학교 보내라"고 그러더만, 한 것 봐서 선생이 그랬지. 여그서 하는 것이 날랐고 영리하고 그렇단 것이, 달음박질에도 생전 남 뒤로는 안 해. 남보다 막 달려도 뭐 체육 하는 것도 제일 낫고 그랑께 "체육고등학교 가르치면 쓰겄다" 그랬는데 못 가르쳐부렀지라.

면담자   큰아들은요?

최순심   큰아들은 여그서 졸업해 갖고 진도 가서 댕겼지.

면담자   진도에서 고등학교 다녔어요?

최순심   예, 중학교부터 고등학교까지 거그서 댕겼어. 거그서 방 얻어갖고 가이낙들이 또 생활했어. 이 가이나 저 가이나, 셋째가이나 있다 둘째가이나 있다 그랬제. 그르께는 거기서 그 가이낙들도 뭣함시로 그렇게 가르치고 여그서 인자 돈 쪼까씩 보내서 주고 그랬지. 어찌케 그때만 시상[세상] 한 일 생각하면 그것이 다 [얘기]할 수가 없제라. 징한 세상. 아이, 저 보리밥도 촌씩이나 했으면 부자게? 그 옛날에는 보리밥 먹는 사람은 촌사람은 다 부자라 했어. 보리에다가 국을, 그 국갱이에서 국을 끓여 묵었지. 뭐 밥은 이상 먹겄어?

면담자   보리로라도 밥을 하는 사람은 부자라 했고, 다른 거 물 넣어가지고 국처럼 희멀건허게 먹으면서….

최순심   그라제라. 거기다 봇쌀 하나씩 넣어서 흰 보리쌀 건져 갖고 국을 된장에다 막 끓여서 그 생활을 했는데. 그때만 해도 없는 사람은 여그도 다 그랬어라, 나만 그런 것이 아니라. 있는 사람은 밥도 지어서 하고. 보리 했어. 쌀은 뭐 그때 애 낳음시로 반승[작은되] 한 말, 대승[큰되] 한 말도 아이요, 반승 한 말 넣아갖고. 그거 며칠이나 애기 낳은 사람이 먹겠소. 그니까 보리밥을 많이 묵었지.

면담자   삼형제가 가가지고 삼형제가 다 못 돌아왔잖아요? 그러면 막내는 군대 갔다가 와서 아직 장가 안 간 상태니까.

최순심   예, 근데 그때 장가간다고 하긴 했어.

면담자   그러면 그다음에 둘째네는 어떻게 됐어요? 거기도 자식이 셋 있었잖아요, 그죠?

최순심   거기는 인자 한군데서 살았지, 시악씨[시아버지]하고. 우리는 제금[분가] 나고 저기 둘째도 제금 나고 셋째가 어머니, 아버니하고 델꼬 살았어. 그 우리가 나고 또 둘째가 나고 셋째가 부모들 델꼬 있다가 그 모냥 했제. 그래 가꼬 셋째 여자가 그 아그들[을], 그 냥 [시]부모네들 둘이 있으니까, 떼놓고 그냥 시집가 부렸지. 여자가 젊어갖고 있응께 그냥 얼마나, 우리도 젊었지마는 더 젊었제, 거그 동생은. 저기 넘어가 있지만, 더 젊었어. 그랑께 시집간 불로 없어 갖고 시집간 걸로 뭣을 하겠소. 부모네들 둘이 선이 근처에 했지, 아 그들 둘이 델고 있었지. 그래 가꼬 여기 국민학교 나와갖고 머이마 가 이제 어뜨케 해서 중학교 났는가 댕기다 말았던가 했어.

면담자 거기는 자식이 어떻게 돼요?

최순심 딸 둘이, 아들.

면담자 딸 둘에 아들 하나?

최순심 응, 밑에가 아들 위로 딸 둘. 그렇게 낳았어, 거그도. 그래 가꼬 서울인가 어디 살아, 그 딸네들도.

면담자 어머니는 다시 시집갈 생각 없었어요?

최순심 그때 뭔 시집갈 생각하겠어? 시집갈 생각은 안 하고 '저 새끼들을 어쯔케 거지를 안 맹글고 저 아그들을 그르케 살릴꺼 나' 생각만 했제. 절대 뭐 시집가고 그런 것은 없었구만.

면담자 그때 누가 좀 도와주셨어요? 시어머니, 시아버지가 좀 도와줬어요?

최순심 도와줘도 즈그도 뭐 아그들 델고 먹을 것이 없는데 뭔 도와주겠어. 내가 아까 전에도 그랬당께. 내가 이 일하다가 저 일하다가, 또 고춧가루도 해서 팔다, 이거 저거 해서 머이마 용돈 쪼까씩 보내고 아그들도 다 뭣 하고 이렇게. 지금 시악씨[시아버지]도 저 먹기도 아그들 서이나[셋이나] 되고 깝깝했제. 그랑께 내가 그런기야, 나는 누가 도와준 사람이 없다고. 도와줬으면 도와줬다 하지, 뭐가 거짓말하겠소?

면담자   그러면 진짜 막 마음이 미어지고 힘들 때는 어떻게 하셨어요, 그냥 참으셨어요?

최순심   참제라우.

면담자   얘기할 친구도 없으셨어요?

최순심   누구보고 이야기하겠소? 누구보고 이야기를 할 수가 없제라. 아무 사람도 안 있지라. 다 알지 모르겠소? 아는 형제간들은 여럿 되지마는 그래도 뭐 말 안 했어라. 이렇게 몸 상하다고 말만 하면은, 다 즈그가 말 안 해도 알고, 해도 알고, 보면 알제, 사람이 모르겠소? 그란데 무엇을 하고 뭐 없다고 이런 말 하겠소, 잔소리하는 것 매로[마냥] 있다고 이런 말하겠소, 말이란 것을 안 했제라. 즈그도 인제 알제.

면담자   그러니까 지금처럼 조금 잘살면 누가 도와주는 고마운 사람도 있고 그럴 텐데, 그때는 다 힘드니까 누가 도와줄 수도 없고….

최순심   예, 그 말이 맞어라. 내래도 힘든데, 내 살기도 힘든데 누가 넘을 도와주나. 시방은 인자 어디서 아그들이 도와줘도 부자제. 참말로 그때는 쌀밥을 볼라면 꿈에 영복이여, 어디서 쌀밥을 보겠소. 보리쌀 해서 꽁보리밥이래도 배에 차게 못 해주는데, 엄벌밥[끝 보리로 지은 밥]도 못 하고 해도 할 수 없는 형편이지. 그렇게 어디 가서 없이 사니께는, 넘의 있는 집 가서도 여그 치치피탈고 들달고도 슬코 아그도 슬코 그랍디다[남의 집에서 아쉬운 소리 안 하고 그랬어요].

5
남편을 잃은 심경과 세월호 유가족들에 대한 공감

면담자   아버님이랑 시동생들이 못 돌아와서 나뭇가지라도 묻으라고 한 게 누가 그러신 거예요, 시아버지셨어요?

최순심   내가 "묻으라" 했지. 시아버지는 뵈기 싫은데 "묏[묘]을 묻지 마라. 묏 하러 그것들을 묻어야?" 그라는데. [내가] "아버지, 자슥들이 커서 묏이라도 안 묻었냐고 할 것응께 묻어야 쓴다" 그래 가꼬 나뭇가지도 해서 묻었지. 그런데 시방은 후회된다께라. 무엇을 묻어놓고 묏 볼라면 보고, 묏도 인자 한 비탈에 세 배씩 나래이[나란히] 묻어놨응께 광원 씨가 들에 베쳤어[벌초해 줬어]. 그 전엔 내가 혼자 벴는데 시방은 이 묏 빼고 지치두로 베쳤어.

면담자   그러면 무덤 세 개를 어머님이 다 만드신 거예요?

최순심   만든 것이 아니라 동네 사람이 맨들었제, 그거 내가 만들었겄소. 인자 그렇게 하라면 동네 사람이 다 해줬제, 불쌍히 생각하고 그렇게 다. 여그는 인자 째깐한 동네 아니요, 저런 데 같이 뭐 사서 하거나 그런 것도 아니고. 그냥 즈그가 공짜로 다 해줬제, 동네 사람이 뭐.

면담자 　　어머님, 그러면 세월호 배 침몰한 걸 이야기 듣고 무슨 생각이 처음에 드셨어요?

최순심 　　동네 사람이 다 "짠하다" 했지라우. 이녁[나]도 손주도 있고 자슥도 있고. 비명이 짠하겄소. 그란하요? 짠하요. 사람 마음은 똑같제, 부모 마음은 똑같제, 자슥 마음은 똑같은데 자슥을 물에다 여[넣어] 불 때는 그 마음이 어찌하겄소.

면담자 　　어머님은 다른 사람들하고 조금 마음이 다르셨을 거 같아요.

최순심 　　어째 달르다? 똑같을랑거지.

면담자 　　그래도 어머님은 아버님을 오래 기다리신 게 있었잖아요.

최순심 　　우리는 기다린 것이 말도 못 하고 했는데, 그것이 자꾸 올랑가 말랑가 하다가 물질[물결]같이 자꾸 지내니께는 그 마음이 없응께 다른 사람하고 이야기도 하고 웃기도 하고 그라고. 그 애들도 죽은 저만 불쌍하지, 부모들은 다 가슴에다 영치마는[맺히지만], 다 그것이 물질같이 지내야제라. 항시 그라면 어떻게 산다우? 그 마음이 그 헐떡헐떡한 마음이 지내고 지내고 해야지. 이녁[나]도 해봉

께는 그 이녁 남편이 그렇게 그랄 적에 다 또 금방 물질같이 지냈다가도 그때만 해도 아그들 방에다 눕혀놓고 '느그들을 어찌케 키워서 어찌케 할 거나' 하는 것을 자꾸 생각을 했제라. 어려서 쪼깐 쪼깐할 때 어쩌겄소, 그 마음이. 어느 누가 도와서 주겄소. 그때만 해도 즈그 살기도 [힘들어서] 남보고 도와주나 안 도와주나 할 것이 안 됐어. 즈그 살기도 뭣이 팍팍해 갖고 다 없는 세상인데 누구 도와주나 안 도와주나 그런 말을 안 해야지라.

면담자　　그러면 저기서 유가족들이 3년째 이러고 있는 걸 보면 어머님은….

최순심　　짠하제라. 보면 짠하제라. 없으면 거 심상한데. 그때 한창 미역 널 때 그 많은 [유]가족이 [왔었어]. 거기는 가이나 하나라더랑께. 가이나 하나란 것이 마음이 안 좋더만, "하나가 그랬다"고.
(손님이 찾아와 중단 후 재개)

6
마을 사람들의 생계 수단

면담자　　여기서 맨손 작업 할 때요, 미역 따고 이런 거, 뭐 돌미역도 하고 가시리인가?

최순심　　응, 가시리도 하고.

면담자　　응, 가시리도 하고 톳도 하고 그러잖아요? 이 맨손 작업은 여자들만 해요?

최순심   남자들도 하고 여자들도 하고. 집이 하나씩 다 하지. 그걸 해가꼬 공동으로 해가꼬, 톳은 공동으로 해서 모여서 다듬어서 이렇게 창고에다 쌓아놨다가 인자 저 조도 조합 뭣에서 실어가, 조도 농협에서. 그라고 가시리도 우리 보내고.

면담자   그러면 여자들은 얼마 받아요? 남자들하고 받는 게 달라요?

최순심   미역 넣은 것하고 배 댄 것하고는 다르지마는 이 공동으로 한 것은 똑같어.

면담자   남자나 여자나?

최순심   응, 공동으로 하면. 톳하고 미역하고, 미역은 다 되면 나놔서 가져오고. 똑같이 나놔서 남자들이 가도 똑같이 잘한 사람 못한 사람 [없이] 남자들이 해도 미역을 나놔서 똑같이 가져오고. 톳도 이제 한 반으로 해가꼬 둘이 똑같이 나누고. 가시리도 한 반으로 해가꼬 팔고 똑같이 나놔.

면담자   똑같이 나눠요?

최순심   응, 똑같이.

면담자   그러면 양식하는 거는 그것도.

최순심   양식하는 건, 그랑께 양식하는 거 말고 여그 한 거.

면담자   그러니까 이렇게 미역 양식하는 거?

최순심　　　망에 넣은 거. (면담자 : 네) 넣은 것은 인자 [양식장의] 대 임자가 한 것은, 대 한 사람은 댄 사람은 더 주고, 우리는 널은 사람은 덜 주고 그라제. 그러니까 하루에 [일당이] 5만 원씩 이렇게 했는데 옛날에는 더 쌌어. 그란데 5만 원씩 했는데 즈그 생각해서 젊은 사람은, 더 한 사람은 더 많이 주고. 그 삯 주고도 인자 웅게로 더 생각 많이 해라, 대 임자들이. 삯은 똑같은데 생각한 것이 잘한 사람은 더 많이 주고 못한 사람은 덜 주고 그렇게 해. 그런 건 배 임자가 써[어장 주인이 정해].

면담자　　　그런 게 어장마다 달라요? 어떤 데는 5만 원 주고 어떤 데는 6만 원 주고 이렇게 달라요?

최순심　　　아니. 금은 똑같은데, 삯은 똑같은데 생각한 것을 더 많이 줘.

면담자　　　생각하는 거라니?

최순심　　　딴 집은 더 많이 주고 딴 집은 또 째깐 주고 그 말이여. 이제 웅게로 더 준 것을 많이 주제, 더.

면담자　　　그럼 집집마다 많이 주는 데 가서 일 할라고 하겠네요?

최순심　　　그게 아니라. 아지매 짝하고 함께 그렇게 여기저기 댕김시로 일하는 것이 아니여. 한 집에 이렇게 딱 인부가 서이면 서이, 너이면 [너이] 그 집 인부 짝은 그 집으로 가제. 많이 주나 적게 주나 그 집으로 가제. 이 집으로 갔다 저 집으로 갔다 그렇게 안 하제, 그래 안 해. 남자들 배 타는 사람은 더 줘. 이제 그란데 못 한 사람은

여자들은 인자 인부 삯이, 그랗게 이렇게 말하자면 5만 원씩 해야 하
는데 다 같이 평균적으로 5만 원 받으면 인자 말하자면 더 줘. 잘한
사람 더 많이 줘부러. 300만 원 준 사람도 있고 200만 원 준 사람도
있고 150 준 사람도 있고 그래. 그놈하고 따져갖고 더 생각해. 저 생
각한 사람 더 생각한다고. 작년에 그랗게 300만 원 준 사람 있고, 우
리들은 150만 원 준다 하고, 다른 사람들은 250 아니 70만 원 준 사
람도 있고 그래. 그렇게 해주면 끝이 나면 거기서 인자 삯은 똑같어,
평심이. 늙은이나 젊은이나 똑같은데 생각한 것은 젊은이들 많이 생
각하고 노인은 쪼까 덜 생각하고 그래. 인자 알아들었어?

그라고 이 동네 톳도 한 반두로 한 입에 하나씩. 잘하나 못하나
한 입에 하나씩 가 써. 전부 처치하면 올리고 가져 나르고 하면 그것
은 공동으로 해가꼬 쟁여놨다가 한 반두에 해서 돈은 똑같이 나누
고. 미역도 가서 따서 해가꼬 나눠, 줄로. 줄 가지고 몇 킬로[그램]면
2킬로나 3킬로나 이렇게 나눠. 나눠가꼬 다지매 와서 그것을 이제
다지미 이렇게 널어갖고 다지미 또 댕기는, 그 미역 댕기는 그 인부
들이랑 같이. 그래 가꼬 그 기계에서 거기서 올려갖고 뭇으로 뭇으
로 [나누지]. 아까 그렇게, 어저께 저 약돌네 아빠가[조광원 씨가] 하는
소리가 "자식들 겸시로 팔지도 않고 땀 들여도 가염집[가정집]에도
팔고 저 산으로도 파는데. 어째 꼭 [기름유출 피해보상을 위해] 그것만
[공식적인 거래 내역만] 따서 갖고 오라 그러쓰께능 그것을 어떻게 그
렇게 하냐" 그 말이여.

면담자   그렇죠.

최순심   어저께 약돌네 아빠가 하는 소리가.

면담자   맞아요.

최순심   그것은 소용없는 말인디 그것만 그랑께. 그것 적게 띠어 갔다가 그 돈 안 줄라면 좋게 안 준다 하제, 뭐 그런 말을 하겠소. 그것이 똑같은 형편인데 똑같이 나놔서 똑같이 해야지. 팔아먹고 형제 집도 주면 형제간들도 묵기도 하고 돈도 형제가 그만치나 즈그 묵는, 그만치나 되까 해줘, 다. 주면은 그놈 묵고 다 돈 주고 뭣 주고 뭐 한답디다. 그러면 돈지랄 말으라고 형제간들 주면, 그란하요? 그런 것을 이렇게 즈그가 먹고. 돌미역이 좋제, 더 인자 맛있어 그랑께.

7
세월호 유가족들에 대한 생각

면담자   그래요, 어머님. 아까 물어보다가 손님 오셔가지고 끊긴 것 하나만 여쭤보고 끝낼게요. 그저께 말씀해 주셨는데 기계 문제 때문에 녹음이 안 된 거예요. 어머님 아시다시피 세월호 사건 이후에 유가족들도 불쌍하고 동거차도도 불쌍하고 하여튼 불쌍한 일이 많잖아, 그죠?

최순심   고생 많이 했어라우. 보면 알제, 사람이 멍청한 인간 아니고. (면담자 : 그러니까) 그 추우나 더우나 [유가족들이] 잔등[산등성이]에서 얼마나 고생을 했겠소. 올라감시로도, 내 올라가 봤으니까 알제. 그 올라가기가 얼마나 그라요.

면담자   어머님도 유가족 있는 데에 올라가 보셨어요?

최순심   나도 가봤지.

면담자   유가족들 온 다음에? 오기 전에?

최순심   가고 난 다음에 올라갔었어. 그래 가꼬 뒤로 가족들이 그 사고 나고 가부렸지. 그래 가꼬 뭐 없었다가 뒤로 인자 그 갔었제. 그때 뭐 어디 가봤어. 가봤제라, 어찌 거그를 안 가봤겠소.

면담자   그때 제가 여쭤봤을 때 어머님 대답이 참 마음에 남고 좋았거든요. 사람들이 "3년이나 되도록 저렇게 하는 거 왜 저러냐? 그냥 좀 빨리 잊어버리고 그래야지" 그러는데, 어머님은 어떻게 생각하세요?

최순심   [어떻게] 잊으겠소. 생각해 보시오. 사람이 자식이 그 모냥 됐는데 잊을 사람이 따로 있지, 잊으겠소, 그 부모네들이? 밤낮 안타까워 생각을 하제. 억울하제라우. 자슥이 많이 된다 하면 또 이 자슥 델꼬 웃음을 웃고 거기다 정신을 팔리는데, 자식이 하나둘이면 그것이 안 잊지라, 잊겠소? 그때 그 어른이[유가족이] 말한 것이 짠합디다. 여그 있는데 와서 이렇게 [미역] 너는데 와서 즈그는 [아이가] "하나밖에 없다"고. 그랑께 그냥 말은 못 하겠고만. 너무 눈물 빠져붕께 말은 못 하겠데다. 자기는 하나밖에 애기도 안 놓매 "[아이가] 몇이요?" 그랑께는 "가이나 하나밖에 없다"고. [유가족들이] 일주일이면 서이, 너이 밤낮 [감시하는데], 그런 애가 어딨다요. 밤낮 여그 와서 저그 생활하다 또 내려왔다 또 올라갔다 내려왔다 가요. 그 배[진실호] 타고 밤낮 왔다 갔다 하더만. 저거 먹을 거 다 싣고 댕깁디다.

억울하지라. 비명이 억울하겠소. 생전 잊겠소, 눈 감으면 죽어 숨 떨어지면은 잊을랑가 잊으겠소. 우리도 나이가 이렇게, 우리는 젊었응께 그랬응께 늘어진 사람은 더 생각할 필요 없지만 생각을 안 하지만은, 나이가 이래도 어차찌면 그 생각할진데. 잊은다는 것이 보통 일이겠소. 이녁도 해본 사람이 다 있응께 그러제.

면담자   네, 여기서 마칠게요. 감사합니다.

4·16구술증언록 동거차도 주민 제3권

그날을 말하다 동거차도 주민 III

ⓒ 4·16기억저장소, 2020

기획 편집 4·16기억저장소 ┆ **지원 협조** (사)4·16세월호참사가족협의회
펴낸이 김종수 ┆ **펴낸곳** 한울엠플러스(주)
초판 1쇄 인쇄 2020년 4월 1일 ┆ **초판 1쇄 발행** 2020년 4월 16일
주소 10881 경기도 파주시 광인사길 153 한울시소빌딩 3층
전화 031-955-0655 ┆ **팩스** 031-955-0656 ┆ **홈페이지** www.hanulmplus.kr
등록번호 제406-2015-000143호

Printed in Korea.
ISBN 978-89-460-6800-1 04300
　　　 978-89-460-6801-8 (세트)
* 책값은 겉표지에 표시되어 있습니다.